中国基本盘

发现
新质生产力

何　丹／主编
钱跃东　毛洺　等／执笔

ZHEJIANG UNIVERSITY PRESS
浙江大学出版社
·杭州·

图书在版编目（CIP）数据

中国基本盘. 发现新质生产力 / 何丹主编 ； 钱跃东
等执笔. -- 杭州 ： 浙江大学出版社, 2024. 11.
ISBN 978-7-308-25421-2

Ⅰ. F124

中国国家版本馆CIP数据核字第20241SH360号

中国基本盘：发现新质生产力

何　丹　主编　钱跃东　等执笔

策　　划	蓝狮子文化创意股份有限公司
责任编辑	卢　川
责任校对	谢　焕
封面设计	尚书堂
出版发行	浙江大学出版社
	（杭州市天目山路148号　　邮政编码　310007）
	（网址：http://www.zjupress.com）
排　　版	杭州林智广告有限公司
印　　刷	杭州钱江彩色印务有限公司
开　　本	880mm×1230mm　1/32
印　　张	7.875
字　　数	155千
版 印 次	2024年11月第1版　2024年11月第1次印刷
书　　号	ISBN 978-7-308-25421-2
定　　价	69.00元

序　言

新质生产力视野下的重新发现

近三年来，我们一直在寻找——新时代制造业的新动能在哪里？这既宏观、又中观、且微观。加之一些自媒体左右着各式情绪，就形成了一个令人兴奋、迷惑甚至质疑的折叠式问题。"答案在现场，一线有神灵"，拨开迷雾，对照稻盛和夫的"现场力"理念，去车间码头，去市场一线，用实证的方法去发现答案。

自 2022 年开始，我们组织企业家参与公众号"吴晓波频道"发起的"走进标杆工厂"项目，在海尔、美的、三一重工等"灯塔工厂"，见识到全球工厂数字化变革最激烈的试验场，发现经过多年的实干与努力，中国制造在一些领域已然进入"无人区"。

2023 年年底，中德制造业研修院在宁波举办了主题为"站在世界看中国，发现新质生产力"的活动。高通原全球副总裁沈劲做了主题为"以创新理论分析三大科技趋势"的发言，科技观察家曾航分享的主题为"国产替代挑战及产业链发展机会"，结合实地调研极氪公司、方太集团的成果，从科创视角剖析国内外产业趋势。

2024年4月，中德制造业研修院与《南方日报》联合启动"走读大湾区"活动，吴晓波老师带队实地调研了广州的低空经济产业、东莞的专精特新"小巨人"企业；紧接着在德国举办第五届中德智造对接论坛，组织中国百人企业家考察团穿梭于德国汉诺威工业展，走访巴斯夫、思爱普、奔驰汽车等全球公司以及卡赫、菲尼克斯等百年隐形冠军企业；7月初，探访东非经济体中的肯尼亚、卢旺达等国家，考察中国制造闯荡非洲之路，寻找制造业出海的非洲答案，相关的主题报道获得了政府部门的关注与重视。

一线的调研让我们意识到，过去几年发生的产业创新与巨变，是新旧发展范式的转换，需要人们在新质生产力视野之下，进入更多的现场，认真领会，准确理解，重新发现"破"与"立"的关系。

百年变局之下，产业发生巨变，企业呼唤"未来在哪里？"当前的中国迫切需要新的生产力理论去指导实践，从而突破现代化问题和崛起困境。新质生产力作为政治经济学范畴的全新理论，应运而生。

这一具有时代意义的概念的提出，凝结了过往的经验和对未来的看法。改革开放以来，我国不同区域根据自身禀赋，探索出多种生产力发展路径，并在全球化进程中不断调整发展模型与策略，大致归纳为以下三种。

第一种是资本、劳动力和能源等要素投入型增长，典型是早期强调自我积累、自我发展的"温州模式"。但随着要素价格的上涨，比较优势不再，国际竞争力下降。

第二种是大力发展外向型经济，如"东莞模式"，积极加入世界贸易体系，通过国际贸易与投资获取经济剩余。2018年中美贸易摩擦之后，这种发展模型的波动性增强，增长难度加大。

基于前面两种传统路径发展红利的逐渐消退，新的第三种路径则是通过科技进步和优化资源要素配置，提升全要素生产率，由新质生产力形成新的增长引擎，目前深圳、杭州、合肥等城市都在积极探索，也形成了一些成果。习近平总书记指出新质生产力"由技术革命性突破、生产要素创新性配置、产业深度转型升级而催生"[①]。事实上，技术进步跃升了生产曲线，但生产关系、资源配置和创新产业组织也需要发生新的变革，只有以上层面形成共振，才能从传统产业向战略性新兴产业、未来产业迈进，有所作为。

本书内容围绕三种生产力的发展路径，从产业演进史、资本要素、产业案例等多个面向，理解生产力与历史的关系、生产力与资本的关系，以及生产力与创变者的关系；思考新质生产力形成过程中对旧生产关系的解构，以及对新生产关系的建构带来的种种可能。需要说明的是，作为新质生产力视野下的产业研究者，本书作者是一群常年奔赴在产业一线、年轻有为的财经观察家。

---

① 人民网.发展新质生产力是推动高质量发展的内在要求和重要着力点[N].人民日报，2024-06-01（01）.

中德制造业研修院的签约作家毛洺、钱跃东是全书上下两篇的主笔，另外作为执笔者，曾航、财经无忌、葛昊、数智前线徐鑫、厉陈静和一锦，也为本书贡献与丰富了调研案例。

最后，引用企业家宁高宁先生的一段话，开启本书的阅读："当下有许多关于'新质生产力'的文章，但少有人关注'谁来做，怎么做，又做成什么样'，而这其实是企业需要回答的问题。"

何　丹

目　录

上篇　中国制造与"专精特新"之路

下篇　创投风云四十年

创作团队

上篇

中国制造与"专精特新"之路

历史是现在与过去之间永无休止的对话。

——爱德华·卡尔

回望中国制造业的发展历程，犹如立于壶口瀑布远眺九曲黄河嘭嘭山响的浩荡来路。五千里黄河，冲波而逆折，大有"飞湍瀑流，砯崖转石"之势。改革开放 46 年来，中国制造业从"跑龙套"到占全球市场近三分之一的份额，且连续 14 年保持世界第一，真可谓"河出伏流，一泻汪洋"。这个成绩之突出，足以支持"东方崛起"的宏大叙事强势回归。

然而，与其沉浸于宏大叙事的荣光，不如回溯历史长河，探寻中国制造这株参天巨木究竟根植何处，以期领略那股令它突破东方大陆古老岩层的淋漓元气。

哲学家汉娜·阿伦特说过："除非经由记忆之路，人不能抵达纵深。"历史是未来的影子，是今日的镜子，更是一位洞悉世事的银发老人，唯有我们凝视他时，他才愿吐露那些曾经消散于风中的轶闻秘辛。

风生于地，起于青蘋之末

1983 年早春二月，江南阴雨霏霏。杭州迎来了一位贵客，他就是邓小平同志。当时 79 岁高龄的他下榻于此，与浙江省党政主要负责人议事。

"你们浙江有什么打算？到 2000 年经济总量能不能翻两番，达到小康？"

时任浙江省委书记铁瑛急忙答话："1982 年浙江人均工农业总产值已有 600 美元，按照这几年的经济增速，到 2000 年翻两番半，乃至翻三番应当是可能的。"

"哦？你们有信心翻两番半到三番，有什么措施做保证吗？"邓小平面带微笑，继续追问道。

对此，铁瑛已有准备，他和同僚相继做了两个多小时的汇报。

浙江是中国改革开放的"排头兵"，地处东南沿海，位置优越，交通便利。再加上当地各级政府对政策风向的敏锐洞察，民间创富潮水迅速遍及全省各地。浙江经济因此一骑绝尘，率先跑入第一梯队。所以主政者得以成竹在胸，应对自如。

邓小平再一次来浙江已是 5 年之后，1988 年，浙江形势之好远超预期。浙江工农业总产值从 1982 年的 300 多亿元增至 900 多亿元，"一个浙江变成三个浙江"，邓小平连声说好。

此时的省委书记换成了薛驹，他提到浙江全省的工业产值中，乡镇企业"三分天下有其二"，各类专业市场争奇斗艳：温州的皮鞋和低压电器、绍兴的轻纺、义乌的小商品、宁波的服装、路桥的日用品、海宁的皮革制品、永康的五金制品……"小商品、大市场"的格局蔚为壮观。数年之间，浙江这个10万平方千米的"资源小省"几乎蜕变为"经济大省"。

"这是我们没有预料到的，是中国农民的一个创造。"邓小平不由称赞，并表示："把市场当作一种手段，也可以搞社会主义经济嘛！无论发展乡镇企业，培育商品市场，还是温州经济模式，不要争论，要敢想、敢闯、敢试，实践是检验真理的唯一标准。经过试验，好的就推广，不行就重新研究，在实践中解决问题。"

事实上，不只浙江，彼时乡镇企业已经在全国遍地开花，大量中小企业破土而出，并以专业市场的形式聚合为地方特色产业，规模化的产业集群利于降本增效，差异化的路径无形中也增强了专业市场在草创期的竞争力。

民间经济的活力被成功唤醒，无数乡镇企业、专业市场像野草一样蓬勃生长。邓小平后来感慨，"农村改革中，我们完全没有预料到的最大的收获，就是乡镇企业发展起来了……异军突起"[①]。

现在，我们已不难为"异军突起"这四个字补充注脚：

1978—1988年这十年间，中国的乡镇企业从150万个增加到1890万个，增长了近12倍；

---

① 邓小平文选（第3卷）．北京：人民出版社，1993：238.

农村工业总产值从 515 亿元（占 GDP 的 14%）增加到 7020 亿元（占 GDP 的 46%），增长超过 12 倍；

农村工业的就业人数从 2800 万人发展到 9500 万人，增长超过 2 倍；

农民总收入从 87 亿元到 963 亿元，增长超过 10 倍；

乡镇企业总资本存量从 230 亿元到 2100 亿元，增长超过 8 倍。

十年之间，沧海桑田。"就在这块土地上，人们已经在试图建立一个全新的社会，并开始应用当时人们还不知道或被认为行不通的实践去使他们的生活呈现出过去的历史没有过的壮观。"托克维尔当年的感慨，用在 20 世纪 80 年代的东方大国也颇为应景，在经济意义上的"任督二脉"被打通之后，它掸落身上的尘土，奋然前行。

诚然，1978 年以前中国也有工业企业，而且不乏"膀大腰圆"的大型国企，但它们庞大而臃肿，头戴计划经济的"金箍"，在巨大的惯性推动下蹒跚行进，尚待一场更为深刻的自我革命。而那些野蛮生长的乡镇企业，它们是新时代的宠儿，在黎明时分的广袤荒原自由竞逐，"不自觉"地走上了专业化、差异化的创新之旅。它们一度被称为"草根经济"，而其中的佼佼者，将在经历数轮经济周期的淘洗之后，成长为支撑中国经济的壮硕挺拔的枝干。

产业大转移：引进、消化、吸收

20世纪80年代，乡镇企业和专业市场在改变着中国的经济版图，因其地域上的块状分布，产业上各具特色的分工，被冠以"马赛克经济"之名。与之对应，束缚城市经济的体制坚冰也在融化，以城市为主体的产业巨变正以另一种形式上演。

1984年10月，党的十二届三中全会召开，会上通过了《中共中央关于经济体制改革的决定》，重新定义了我国社会主义经济是在"公有制基础上的有计划的商品经济"。此外，会议还明确指出"进一步贯彻执行对内搞活经济、对外实行开放的方针，加快以城市为重点的整个经济体制改革的步伐，以利于更好地开创社会主义现代化建设的新局面"。

体制一松绑，散布于中国大地的城市如同一颗颗火种被点燃。这一年，张瑞敏、柳传志、王石等人率先在地平线上看到了曙光，不约而同创办企业，在不同的赛道肆意狂奔，他们要骑到新世界的背上，并用力扯下那尘封已久的厚重帷幕。

大幕拉开，天地宽阔。鹰击长空，鱼翔浅底。神州大地蛰伏多时的"猎手们"终于可以驰骋狩猎，一展拳脚，大量民营企业就此诞生。这是中国商业内生力量的一次集体释放，1984年也成了名副其实的"中国公司元年"。

只是，这一时期民营企业规模不大、占比较低、管理也不够规范。人们大都听说过张瑞敏怒砸76台不合格冰箱的故事，但也许并不知道，他在当上厂长后制定的 13 条规章里，竟然有着匪夷所思的诸如"不准在车间随地大小便""不准迟到早退""不准在工作时间喝酒""车间内不准吸烟""不准哄抢工厂物资"等今日看来理所应当的内容。

那个时候，新生的民营企业其兴也勃焉，其亡也忽焉。摆在它们面前的首要问题是"活着"，进阶为日后的行业龙头，挤入国际竞争的牌桌还需岁月的磨炼。

改革开放之初，民企羸弱，国企僵化，中国与世界脱节太久，产业经济亟待补课，如何在短期内缩小与世界先进工业国的差距？答案就是"改革开放"：改革就是革除积弊，营造良好的政策环境，盘活经济动能；开放即打开国门，招商引资，承接西方发达国家的产业大转移。

1984 年，中共中央和国务院决定，进一步开放上海、大连、青岛、宁波、广州等 14 个沿海城市，兴办经济开发区并给予政策优惠，以便集中创办中外合资经营、合作经营、外商独资经营企业，从而拓宽我国对外开放的前沿地带。

当此之际，沿海城市迎来了加速发展的窗口期。"兄弟爬山，各自努力"，各地的经济开发区相继设立，中国凭借较为低廉的劳动力、土地和原材料成本以及潜力无穷的消费市场吸引了大量外资企业进驻。

尤其是在东南沿海的诸多城市，一种名为"三来一补"（来料加工、来料装配、来样加工、补偿贸易）的合作模式日渐成型，哪怕这类模式培育的多为劳动密集型和资源密集型企业，也为中国产业经济引进规范化的管理和先进技术提供了更多可能。

随着改革开放不断拓展深度和广度，饥渴的中国市场不再掩饰自己的巨大"胃口"，国人对于日常消费品的需求与本土企业落后的生产力之间的矛盾愈发凸显，大规模的产业转移已迫在眉睫。于是，生产线被整体引入中国成为当年产业界一大景观。例如，上海汽车引进大众桑塔纳的生产线，海尔引进德国的冰箱生产线，彩电业引进美国、日本的阴极射线显像管（CRT 显示器）生产线（CRT 电视俗称"大屁股电视"）等。

引进生产线降低了商品的生产、物流成本，迅速提高了产业成熟度，效果立竿见影。以彩电为例，伴随 1982 年一些国企争相引进彩电生产线，国外知名品牌涌入中国市场，数年之间，中国的彩色 CRT 电视产量呈现井喷式暴涨。三年之后的 1985 年，中国彩电的年产量已跃居世界第二，仅次于日本。一时之间，熊猫、金星、牡丹、飞跃、西湖等大量品牌进入了千家万户，街坊邻里围观电视节目的场景成为 20 世纪 80 年代无数人心中的温暖回忆。

当然，我们也要看到，从国外直接引进生产线，往往只带来了制造转移，没有发生技术转移。由于缺乏自主创新能力，一旦出现技术升级，在技术标准和产业配套的制约下，中国企业因为路径依赖，只能靠继续引进新的技术来实现终端产品的国产化。

1987 年，中国彩电年产量达到 1934 万台，超过日本成为世界第一。但好景不长，国外企业率先开辟液晶技术赛道，中国彩电业还停留在原有的 CRT 电视的"舒适区"，对于液晶技术茫然不知，也不理解新技术的研发逻辑，于是集体被打得措手不及。显而易见，八九十年代的中国制造与新技术的迭代进程基本绝缘了。缺乏自主创新的意识和能力是一种顽疾，以致我们很长一段时间在一些关键技术领域处于看不到前景的落后状态。

不过，总体而言，正是改革开放后中国与世界重新接轨，国际环境日益改善，才促成了 80 年代的技术引进、消化和吸收，这个过程让我国工业水平在短时间内提升了几个台阶。大批企业进行了设备更新和技术升级，产业结构得到了优化调整，同时也培养了一批技术人才，有人甚至认为"实现了新中国成立以来的第二次技术能力飞跃"。

科技是第一生产力

科学技术是第一生产力，科学技术的商业化应用是驱动产业经济发展创新的密钥。激活经济创新的潜力，关键在于营造良好的经营环境，支持、鼓励科技型企业发展。所幸当时政府也意识到，需要借助市场这只"看不见的手"实现资源的优化配置。

1985年3月，中共中央发布《关于科学技术体制改革的决定》，从宏观上制定了科学技术为振兴经济服务、促进科技成果商品化等方针和政策。随之而来的是一场推动科研机构转轨改制的热潮，各地纷纷鼓励科研机构与企业结合，减少对科研人员的束缚。

张福森的《中关村改革风云纪事》一书记录了当年中国科学院物理所一名年轻工程师纪世瀛的感言：

希望此生能做成大事业，报效自己的国家……面对当时中国经济的落后局面，我们产生了强烈的社会责任感和时间紧迫感。作为中华学子，眼看着中国科学院物理所围墙内现代化设备齐全，新技术成果累累，而围墙外却还是那种刀耕火种、人扛马拉的小农经济，农田贫瘠，农舍荒凉。这种鲜明的对比使我们产生了强烈的使命感，急于把科技成果转化为财富，为祖国贡献力量。我们立志要冲破旧的科研体制的束缚，建立新的机构。

这段心路，颇有宋江"恰如猛虎卧荒丘，潜伏爪牙忍受"的意味。不过纪世瀛是幸运的，他后来与陈春先一道，创立了北京等离子体学会先进技术发展服务部，从事科技咨询和技术产业化探索，最终成为北京中关村第一家科技开发实业机构。而后，越来越多的科技人员在中关村下海经商，使这个"中国硅谷"初见雏形。

中关村之外，全国各地有志于科技创业的人士通通跃跃欲试。诸如高等院校和科研院所的科技人员，国家机关、企事业单位的干部，海外学成归国的人员，以及完全凭借自身的市场敏感性从传统行业转向科技产业的私营企业主，他们以自筹资金、资源组合、自负盈亏、自主经营的经营形式，创办了一大批民营科技企业。

到 1987 年，全国民营科技企业已达 15000 家，其中为大众所熟知的有北京的联想、北大方正、四通、时代、用友，深圳的华为，西安的海星，河南的思达，成都的希望，等等。

随着科技型企业走向历史舞台，企业研发支出快速增长，技术交易活动愈发活跃，经济效益显著提升。为了让土地、资本、技术、劳动力等各类要素更高效地得到利用，"高新技术开发区"的模式成了一个理想的选项。

1988 年 5 月，国务院正式批准划定以中关村为中心的 100 平方公里范围为新技术产业开发试验区，并给予其 18 项优惠政策。中国第一个国家级高新技术产业开发区，花落中关村。

1991 年 3 月，国务院下发了《国务院关于批准国家高新技术产业开发区和有关政策规定的通知》，更大规模的高新区建设由此展开，当年批准建设 26 个，1992 年再度新增批准建设 25 个。

那个时代的中国企业主要集中在加工制造业，技术基础薄弱，参与国际分工时往往只能屈居产业价值链的底端。中关村也不例外，园区内的企业多是以贸易起家，逐渐形成工业制造能力，进而寻求技术上的突破。这在当时还引发了一场"贸工技"与"技工贸"的争论。

事件的主角是联想的时任总裁柳传志和总工程师倪光南。倪光南主张技术研发优先，主攻电子芯片，将掌握核心技术视为企业的使命。而柳传志坚持生存至上，主张发挥中国制造的成本优势，扩大生产规模，打造自主品牌。最后，柳传志的"贸工技"策略得到施行，联想也确定了先从事贸易加工后稳步做大做强的路径。

"贸易""制造"与"技术"何者为先，其实还得由市场决定。毕竟创业就是一场幸存者的游戏，那些能够活下来的企业，通常不是最强大的，而是最能适应环境变化的。

高新技术发展自有其内在规律，至少，"企业是创新的主体"这一论断在40多年前的中国被各方力量一次次地验证了。而且，中国人的创富热情已然彻底被点燃，在往后的日子里，我们将见证中国企业技术创新的强大自驱力，而这也是它们提升自身竞争力的根本源泉。

案例

深圳电子产业的快与慢

一锦 / 文

"中国所有城市中，面貌改变最大的，或者说可以称为奇迹的，如果要选一个城市，大概就是深圳。"

财经作家吴晓波曾出品的国内首档经济地理纪录片《地标70年》，在全国范围内甄选了12个地标，勾勒出12张城市产业版图。第一站，就是深圳的深南大道。

这句话，正是关于深圳的开场白。

一个产业带的风云四十年

深南大道长30公里，是中国最长的城市主干道之一。深南大道的一面，是华强北，另一面，则是南山区。这片区域的40年，就是深圳电子产业带的激荡40年。

如果将时间拨回1979年，刚经历了大半年暴雨的粤北兵工厂申请搬厂，从清远的山沟内迁入深圳，取名为"华强"，寓意"中华强大"。工厂附近的一条道路，便以公司为名，称为华强路。日后，穿华强路而过的深南大道，将它分成了华强南、华强北。

20世纪70年代到80年代，香港是全世界最大的电子加工集散地之一。随着香港的电子产业北上，大量被更新换代的电子配件低价流入市场，深圳接住了这一波红利，电子产业在当时处于加速度状态：以电子、通信、电器产品为主的上步工业区建成，超 100 家小型电子企业整合为深圳电子集团公司（后改名为赛格电子集团）、国内第一家电子专业市场开业……有人形容："站在赛格广场往下看，遍地都是发财的机会。"

20 世纪 90 年代，随着经济全球化进程加速，深圳电子产业迎来了自己黄金发展的窗口期。全球电子产品的爆发和普及，为华强北带来了巨大的市场。在华强北，无数的一米柜台"大展宏图"，充当了连接世界的"急先锋"。CD、VCD、寻呼机（BP机）、台式电脑……都从这里源源不断地流向市场。

步入 21 世纪，中国加入世界贸易组织（简称世贸组织），中国电子制造业出口规模持续攀升，电子配套的市场需求与日俱增。

2007 年，华强北被中国电子行业协会授予"中国电子第一街"的称号，成为全国规模最大、科技含量最高、产品种类最齐全、年交易额最大的电子产品交易集散地。从小小的电子元件到高精尖前沿产品应有尽有，这里成为深圳电子产业通往全球产业链的起点。

2008 年，华强北诞生了自己的"华强北指数"，即中国电子市场价格指数，并向全球发布。2011 年，华强北指数更被国务院办公厅采用，成为国家进行宏观政策调控的重要参考数据。

一切似乎风光无限。

如吴晓波所言："任何一个行业和领域，都逃脱不了月盈则亏的规律。"

不断攀升的市场需求、强大的供应链让华强北烈火烹油时，却始终摆脱不了"山寨""模仿"的负面标签。而电商的发展、智能手机的普及，带来了更深层、近乎要命的冲击。

很长一段时间里，市场上充斥着"华强北已死"的声音。

2011 年，深圳市政府"壮士断腕"，对华强北的山寨手机进行为期 6 个月的"双打"（打击侵犯知识产权、打击制售假冒伪劣商品），使华强北山寨品牌逐渐退出市场。

2013 年，因地铁施工、封街政策，华强北访客锐减。

2017 年，华强北重新开街。

同年，深圳福田区出台政策：三年内投入 10 亿元专项资金开展"十大工程"，打造 20 万平方米以上创新型产业空间，建设 20 个以上创客空间、孵化器、加速器，培育 2000 个以上创新创业团队。

华强北是深圳乃至中国电子产业的标志与风向标，它的发展，就是深圳电子产业带发展的缩影。在较长的一段时间里，创新、技术的不足影响了深圳电子产业的良性发展，但从来就处于拼搏环境、一向有着强烈危机感的它，同样锤炼、沉淀了自己的资源与能力。

①对市场的敏感：深圳电子产业对于市场的敏感，让它先后抓住了香港产业带北上、经济全球化、中国加入世贸组织等黄金窗口期。对于信息与通信技术（ICT）领域的任何产业创新，它都能迅速追随，抢占市场。

②**高效的反应速度**：行业内流传，在硅谷需要 2 个月才能找齐的电子元器件，来到华强北，一天就能全部找到，这在世界上其他国家根本无法实现。

③**产业链成熟**：这样的神话速度，自然得益于产业链的成熟。完善的产业链上下游生态体系，成为深圳电子产业的核心竞争力。同时，供应链的辅助则让这一生态更加繁荣。截至 2022 年年底，深圳拥有供应链服务企业超 4000 家，为产业链上下游企业提供质量管理、采购分销、金融服务、交易促成等服务。

④**人才体系建设**：经过几十年的发展，这一行业集聚了大量的人才，从顶层设计、技术研发到市场一线、产品生产，人才的专业化为产业发展打下了坚实的基础。

也正是这些资源和支撑，让一些品牌有底气抓住先机，预见性地聚焦科技创新、加大研发投入，从而在野蛮生长的市场中厮杀出来：腾讯、华为、创维、中兴、大疆创新、神舟电脑等企业都是从华强北走出去的。

马化腾的 OICQ 软件起步于华强北赛格广场的五楼；神舟电脑掌舵人曾在赛格广场租下铺位卖电脑配件；大疆最开始的订单，就是来自"上午出图纸，下午拿样品"的神话速度……这些朴实的创业故事，记录着品牌们如何筚路蓝缕、乘风而起。

这些脱颖而出的品牌们，在整个产业带中起着"头雁"的作用。正是"重点领军企业头雁领飞，众多细分龙头企业深耕细作"，让如今的深圳有着自己的企业梯次结构：年产值千亿级企业 5 家、过百亿级企业 27 家、5 亿以上企业近 400 家、全国电子信息百强企业 21 家。

从头细说这 40 余年，我们看到了深圳电子产业从 0 到 1、从 1 到 N 的发展；看到了电子厂商如何从代工走向创新；看到了商家从赚快钱到效益增值的转变；看到了品牌从跌跌撞撞到脚步稳健。

快与慢：野蛮生长与定力至上

不妨看一组数据：

1991 年，深圳电子信息产业产值为 177 亿元。

2001 年，这个数字变成了 3132 亿元。

2022 年，深圳电子信息制造业产值为 2.48 万亿元，占全国的六分之一，多年稳居全国首位。

30 年间，增长近 140 倍。

从初级的电子组装，到拥有成熟、完备的电子产业带，深圳电子产业带 40 多年发展的快与慢之间，联动着全球产业链，它和无数企业、商家一起，经历了从野蛮生长到定力至上的过程。

◎ 生产端：从传统生产向自动化、智能化的数字化生产转型

深圳经历了几次产业转移，2005 年起的第一次产业转移，以转移劳动密集型产业为主，初步形成了"产业以电子为主，资金以外资为主，产品以外销为主"的劳动密集型产业格局。2015 年起的第二次产业转移主体，则是转移先进制造业的大中型高新技术企业。

按照空间分布、产业空间划分，深圳电子信息制造业可划分为9大集聚区。各聚集片区以大量一般大型企业和中小企业为支撑，以少数头部企业为带领，构成电子信息制造业发展体系。当年的劳动密集型生产线，如今已升级为自动化或智能化制造系统，以提高制造效率。

◎ 销售端：从线下外贸到跨境电商

从1993年开始，深圳外贸出口便一直居国内大中型城市首位，深圳的外贸依存度（进出口总额/GDP）一直处于高位，长期超过100%。

早年的传统外贸模式中，线下经销商是主流。成立于2016年的深圳壹秘科技有限公司（EMEET）在海外的产品销售，此前就主要依靠众多线下经销商：地区总代理商、一级代理商、二级代理商、零售商……当产品终于到达用户手上时，已经过去了3个月。品牌与用户之间，隔着天堑。而多级分销的模式，也让产品价格难以控制，往往居高不下。

亚马逊等跨境电商的布局，无疑为苦传统外贸模式久矣的品牌、商家们造了一艘"诺亚方舟"。

乘着跨境电商的巨轮，大量商家出海。除传统的B2B、B2C之外，新型跨境B2B商业模式DTB（Direct To Buyer）异军突起。这一新型外贸模式由亚马逊企业购提出，将传统的线下B2B贸易搬到线上，让商家直面终端采购企业达成交易，真正实现没有中间经销商赚差价。

海外的采购圈，就像一个俱乐部。新人必须有相应资源，才能拥有"入场券"。如 EMEET 等企业，尝试过线下组建 B2B 团队、海外蹲点、进入线下商超等方式，但大都收效甚微。

DTB 的模式，向大量的品牌商家敞开了新大门。

2023 年，EMEET 已经收到超过 8 万笔企业采购订单，多为 100 台以内的小批量、多频次采购订单。公司副总经理 Amy 介绍："通过亚马逊企业购，EMEET 在北美地区的增长接近 50%。目前，跨境电商 DTB 业务占公司整体 B2B 业务的 80%。"

◎ 研发端：定力至上，打造科技护城河

牌越打越少，棋越下越明。创新，已成为电子产业带上所有商家的共识。

大品牌如华为有着创新大战略布局，可以每年拿出公司营收的 20% 及以上作为研发资金长期投入；中小企业也沉下心来，守着自己的节奏，把资源聚焦在刀刃上，以长期主义进行科技创新，打造差异化产品，发掘用户未曾被满足的需求。

EMEET 副总经理 Amy 将品牌的研发概括为："做一年，看三年，定五年，你必须耐心打磨能真正满足用户需求的产品。比如我们近 2 年推出的一款高度创新产品，就用了 14 个月的时间才完成研发。"

打造技术的护城河需要来自市场端的反馈与支持。研、产、销一体化，才能让公司业务真正实现与市场接轨，与技术同频，与用户共振。

亚马逊企业购的"产业带加速器"项目，正好为大量有兴趣加入跨境电商的企业提供了强大支撑。

一方面，亚马逊企业购通过大数据深研海外市场需求，为企业产品研发提供了良好的市场反馈，从而优化研发方向和产品结构；另一方面，有跨境电商平台的助力，企业在一定程度上减少了拓展 B 端市场的成本，能腾出更多的资金聚焦在研发上，认真做好产品。

对于大量类似 EMEET 这样的初创企业来说，这无疑是解决了自己的后顾之忧，可以沉下心来，用更多投入，更深钻研，打造自身的护城河。

根据工业和信息化部（简称工信部）公布的第五批国家级专精特新"小巨人"企业信息，深圳的国家级专精特新"小巨人"企业年平均研发经费为 3339.19 万元，高于全国级专精特新"小巨人"企业平均 2500 万元的研发费用。

深圳电子产业的整体转型，经历过阵痛与蜕变，也借助技术、政策、平台，找到了自己的核心价值，看到了新未来。

进军海外，品牌还有多少种可能？

中国跨境电商看华南，华南跨境电商看深圳。

在进军海外的路上，当"生而全球"的理念越来越刻进品牌的基因时，深圳电子产业带的品牌们，正乘风而起。作为国家级专精特新"小巨人"企业的 EMEET，只是成千上万个品牌之一。

"在高速上边开车边换轮胎"，形容的就是出海品牌们的发展。

扬帆海外，该如何平衡"质"与"速"，如何挖掘更多可能？企业在狂飙的道路上，总结了自己的"生意经"。

◎ 找赛道，抓风口，推爆品

找赛道，抓风口，推爆品，是每一个出海品牌必有的创业"三板斧"。在决定创业的 2016 年，EMEET 选择了音视频会议设备这一细分赛道，主要是看准这一利基市场"竞争小、利润高"的特点。彼时，这一细分赛道里，欧美企业占主流，还没有中国自主品牌成功的案例，并无标杆可参照。

以亚马逊为出海首站，团队结合平台的"商机探测器""选品指南针"等工具，敏锐地发现了欧美市场对于超高清摄像头的需求，于是，EMEET 加紧推出了 4K 摄像头产品，首战功成，用爆品撬动了市场。

◎ 混圈子，挖增量，新生意

如果不能触及产品的核心客户，爆品的"爆"也就无从谈起。

目前，亚马逊有超过 600 万海外优质企业和机构客户，包括财富 100 强中的 96 家公司。

在以往，品牌想触及这些核心客户需要颇费周折。EMEET 副总经理 Amy 坦言："很多终端企业客户，是过去传统外贸里海外代理商不会让我们接触到的采购客户。或者，需要大量投入和成本才能接触到。"

而如今，这些客户面向出海的商家们是开放的。

新圈子的开放,让品牌们找到了拓展新客户、挖掘新增量的捷径:品牌可以B端、C端资源"两手抓",既拓宽了不同领域的客户覆盖,又拉动了品牌销售增长和利润增长。

Amy掩藏不住自己的欣喜:"现在EMEET在亚马逊企业购的年销售额已超过了500万美元,年销售额同比增长超过50%。"

真金白银的销售额和利润,让更多品牌愿意加入其中,把蛋糕做大,实现新增量、新生意。

◎ 降成本,提利润,高客单

解决了"将什么产品卖给谁"的问题,要实现更精细化运作,品牌们就开始聚焦新问题:降本增效。

在内,品牌对自己的产品研发、生产及采购、仓储物流、市场营销与推广等全链路进行数字化管理,以实现更低成本、更高效率。

在外,触及客户后,如何进一步提高客单价,助推新生意机会?大宗采购、计划性采购,是所有品牌都不可能忽视的几何量级生意机会,更是他们想吃下的蛋糕。

亚马逊企业购"商采大单佣金优惠计划"应运而生。简单概括,就是让使用大包装产品销售和询盘报价订单两大功能的商家,获得佣金折扣优惠。这在很大程度上提高了商家的利润空间,自然刺激了品牌们投入更多去做科技研发、品牌曝光和产品大促,从而收获更多大订单。对消费者来说,则可以享受更优质的产品、更优惠的价格。

这一双向利好、良性循环的业务模式，让 EMEET 的多次批量采购大单接踵而至。"2023 年我们为一位企业采购客户提供了 20% 的优惠，最终一举拿下合计 500 台网络摄像头的大额订单。"

◎ 品牌、品牌、还是品牌

对前沿技术的钻研，对极致产品的执着，对跨境电商平台的选择，与客户的直接对话……所有的动作，最终都指向品牌塑造，这也成为品牌资产的一部分。出海，不仅仅是产品出海，更是品牌出海。将有多少中小微企业，在出海过程中，劈风斩浪，从一条条小鱼化身鲲鹏？值得拭目以待。

一个产业发展的快与慢，影响了产业带中企业发展的快与慢。而诸多企业的发展进程，最终决定了这个产业的规模与增长。在时代、技术、平台的多重加持下，新周期里，电子信息品牌的增长故事才刚刚开始。中国电子产业带的飞跃，也才刚刚开始。

国运的转捩点

1989 年，柏林墙倒塌，东欧政权变更；罗马尼亚共产党政权被推翻，总统齐奥塞斯库夫妇被枪决。1991 年，人类历史上第一个社会主义国家，成立了 69 年的苏联轰然解体。

东欧剧变对于中国改革开放事业的影响可想而知，当时出现了私营企业和个体户就是搞资产阶级自由化的指责之声，认为创办乡镇企业、设立经济特区、发展民营经济已经涉及姓"资"还是姓"社"的问题。这种氛围无疑使民营经济发展受挫，改革与开放是否继续？犹豫和质疑飘荡在中国上空。

历经两三年的摇摇摆摆，等来了 1992 年邓小平同志南方谈话的一锤定音。这一年的 1 月 18 日至 2 月 21 日，88 岁高龄的邓小平走访武昌、深圳、珠海、顺德、上海等地，行程 35 天，发表了一系列重要讲话。

"革命是解放生产力，改革也是解放生产力。"

"改革开放胆子要大一些，敢于试验，不能像小脚女人一样。看准了的，就大胆地试，大胆地闯。"

"社会主义的本质，是解放生产力，发展生产力，消灭剥削，消除两极分化，最终达到共同富裕。"①

"夫人不言，言必有中。"邓小平的讲话言简意赅，深中肯綮，犹如春风化雨，万物生长的格局又打开了。

① 邓小平 . 在武昌、深圳、珠海、上海等地的谈话要点 . 人民日报，1993-11-06（1）.

　　1992 年党的十四大后，中国完成了从计划经济向市场经济的转轨。宽松的政治环境让经济社会重拾信心，一场以院校人才和政府职员等社会精英下海为主体的经商热再度席卷全国。他们就是后来中国企业家中的"92 派"，其中不乏陈东升、冯仑、俞敏洪等知名企业家。

　　20 世纪 90 年代，民营企业狂飙突进，中国制造业也在舒展筋骨，改变自己的市场站位。1992 年，华为研制出第一台小交换机，并开始自行生产，功能与国外同类产品相仿，价格却比其低 2/3，当年销售额就达 1 亿元。1993 年，南京熊猫推出了中国第一部手机，在国外品牌一统天下的时代，卖出了 2 万多部。同年，万燕公司研制出了世界上第一台影音光碟（VCD）机。1996 年，联想做出了国内第一台笔记本电脑 S5100，开启了行业后起之秀的折桂夺魁之旅。

　　市场经济让民营企业如鱼得水，国有企业却难免"水土不服"。1995 年以后，国有企业因为改制中资产流失、历史包袱过多、企业冗员严重等新老问题，经营状况持续恶化，甚至到了难以为继的地步。

　　国务院发展研究中心的一份年度报告披露，国有企业的亏损面超过40%。2600家国有大中型工业企业的资产总额为2544亿元，负债却有2007亿元，企业负债率平均高达78.9%；与10年前相比，资产增长4.1倍，债务则增长了8.6倍。

　　20 世纪末轰轰烈烈的国企改革大潮拉开了序幕。在政府主导下，国有资本"抓大放小"，逐渐从纺织、家电、食品等竞争性领域中退出，转而在资源、能源、重化工等战略产业进行大规模的整合重组。剪除枝枝蔓蔓，集中力量于关键领域，反而牢牢控制了国民经济的命脉。

在当年，这一策略被称为"国退民进"。所谓的"退"，并非指国有经济退出产业经济领域，而是收缩到产业的上游地带，以巩固寡头或多寡头经营的优势格局。

作为产业的中下游，面向民营企业开放的食品、服装、机械、电子制造等领域则成了中国制造业参与全球贸易的基本盘。广东、浙江、福建以及江苏等省形成了具有区域特色的产业集群，如东莞的电子产品、泉州的运动鞋类、义乌的小商品等。集群内的中小企业共同参与国际竞争，在国际市场的大风大浪中，巩固并提升中国制造业整体的生产、配套和创新应变能力。

今天看来，那时的中国制造业仿佛都是建立在低成本、低税收、低端产业链的基础之上。饶是如此，"Made in China"也充分发挥了自身的比较优势，融入了国际分工体系，对全球的制造业格局产生了无可替代的深远影响。

案例

出海破浪的中国品牌

财经无忌 / 文

中国出海的大环境越来越成熟，企业出海的需求也越来越迫切。

2022 年 1 月 19 日，"工程机械龙头"三一重工创始人梁稳根辞去董事长一职，在业内引起热议。

2021 年，原计划退休的梁稳根，碰上第四次工业化革命浪潮，领悟到用大数据、微服务和云计算等新技术给挖掘机联网的美妙，遂决定再大干 10 年。然而时隔一年，却从台前转向了幕后。细究其背后的原因，一切都有迹可循。

作为中国工程机械行业的"扛把子"，三一重工承接了过去 5 年上升周期中工程机械行业红利，成了暴涨 5 倍的大牛股。但由于受设备更新周期影响，叠加房地产、基建投资遇冷等因素，工程机械销量趋于减弱。三一重工股价开始经历"过山车"行情。

对冲国内工程机械行业周期性影响，服务于广阔的国外市场成为三一重工未来发展的重中之重。根据三一重工公告，掌舵者梁稳根辞职就是为了把更多的精力放在"三化"（国际化、数字化、电动化）上。

事实上，三一重工的国际化战略之路，只是中国品牌集体出海的一个缩影。近年来，从家电制造、互联网企业，到服装服饰，再到食品消费行业，在国内竞争渐趋白热化等背景下，各行各业都在积极扩张海外市场。

出海，不再是单个企业短期的押注行为，而是成为一个企业潜至深水区，开拓第二增长曲线的主流方式。

出海不是选择题，而是必答题

岁末年初的各种出海大会上"参会的人明显变多了"。如果说突如其来的疫情让各行各业承压，"直面不确定性，并从不确定性中寻找确定性"成为过去一段时间中国企业走出危机的长期课题，那么如今，借助《区域全面经济伙伴关系协定》（RCEP）出海已成为中国各行各业最大的确定性。当下的中国品牌出海迎来拐点离不开四个最主要的因素。

其一，从整个中国经济大环境来看，在经济下行的压力下，经济复苏的势头恐难加速。

2022年，国际货币基金组织（IMF）发布了与中国的第四条款磋商报告。该报告将中国在2022年经济增长预期从之前的5.6%下调至4.8%，并提到，消费复苏乏力是IMF降低对中国2022年增长预期的主要原因之一。

这也意味着，整个消费行业不仅要面临"图钉型"的人口结构带来的贫富差距，与此同时，还要面临疫情导致的居民收入预期压力，消费意愿下滑。

其二，从企业的市场竞争中来看，基于庞大的人口红利孕育的全球最大消费市场中，各行各业跑马圈地之余也直接导致了国内市场竞争的同质化和内卷化。

产能过剩已经成为一个现实的社会问题。以新能源汽车为例，几年前，造车新势力崛起，新造车企业一度成为创投圈的宠儿，融资不断。在存活下来的企业中，"蔚小理"（蔚蓝、小鹏、理想）、威马、零跑、哪吒等竞争越来越激烈。除此以外，还有互联网行业、食品消费、餐饮业、服装时尚、手机行业等都面临这样的处境。也因此，不少企业迫切地寻求差异化竞争。

其三，从面向社会颁布的政策上看，在外贸出口领域，国家也给予了一系列的指引。

2021 年 5 月，时任国务院总理李克强到浙江调研当地出海企业时，提出中国企业和品牌要更好地融入国际市场，开展自由公平贸易。2022 年 1 月 1 日，RCEP 正式生效，15 个 RCEP 缔约方总人口达 22.7 亿人，GDP 达 26 万亿美元，出口总额达 5.2 万亿美元，均占全球总量的 30%，是目前全球最大的自由贸易区（见图 1-1）。显而易见，走向政策鼓励下的海外增量市场，正在成为越来越多企业的共识。

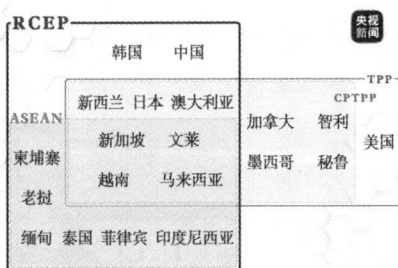

图 1-1　ERCP 成员国一览

其四，中国制造的生产标准和能力已经可以和世界巨头抗衡，伴随着疫情带来的出口红利也将这一优势进一步放大。

10 年前，"Made in China"这个词还只是"山寨""质量差"的代名词。而在今天，"中国制造"这个词的意义正在被更正。在 2021 年的"黑色星期五"和"网购星期一"期间，中国品牌如电动牙刷、扫地机器人、原创服饰、潮流玩具等颇为畅销，像科沃斯、Anntrue、Bedsure 等中国品牌都在"黑五网一"促销季里取得了不俗的成绩。而谷歌（Google）联合凯度（Kantar）发布的"2020 年 BrandZ 中国全球化品牌 50 强"数据显示，中国全球化品牌 50 强数量增速为 8%。中国品牌正在逐渐占领大洋彼岸消费者的心智，得到当地消费者的认可。

如此种种也意味着，在中国这片土地上，出海成为企业的"必答题"，越是优秀的企业越需要走出去为"中国制造"正名。中国品牌扬帆出海"最好的时代"或许已经到来。

一切从零开始，"出海捕鱼"的多种路径

中国企业出海并不是一个新鲜话题，在过去的几十年间，通过代工等方式，大量"中国制造"产品被销往全球各地，中国企业也凭借着极低的人工、地租和原材料成本，迅速占领了海外市场。采用代工模式在一定程度上创造了中国外贸业的"黄金时代"。不过，由于其门槛低，加之对市场缺乏了解，抵御风险的能力很差，利润率低，短板也逐渐显现。如今的中国正在逐渐具备升级转型的"内功"，企业出海方式正在从产品出海发展到品牌出海。

但从产品到品牌，这两者背后是完全不同的逻辑。一个关键的转变是，较之前的产品出海，品牌出海是以独立完整的形象去与海外的消费者直接对话，这同时也意味着一旦出海就是"一切从零开始"。

目前来看，中国品牌全球化蹚出了两条路径：一条路径是生而全球化，指的是自诞生第一天就聚焦海外市场、海外就是主战场的公司。安克创新、传音、希音（SHEIN）服饰等就是这样的公司。以SHEIN为例，这家跨境电商公司凭借着产品丰富、上新快、单价低的特点——每天上新3000余个新款，交货周期缩短至7天，每件商品的单价可以低至十几美元甚至几美元，让欧美市场的消费者在受疫情影响导致全球消费疲软的情况下也能实现购物自由。

2021年，SHEIN在Google搜索量超过ZARA、优衣库，并且成为美国安装次数最多的购物应用软件。

另一条路径是在国内做得比较成功的公司从内向外的全球化，这也是整个中国品牌出海的主要路径。

在这之中，既包括了阿里巴巴、腾讯、字节跳动、百度等互联网大厂，也包括了小米、大疆等消费电子行业企业，海尔、TCL、海信等家电制造行业企业，李宁、安踏等服装服饰品牌企业，洽洽、良品铺子、元气森林等食品消费行业企业。

值得一提的是，背靠巨大的程序员红利，在发展节奏上，中国电子商务、移动游戏及社交娱乐型应用中的直播、短视频整体领先海外 1~2 年时间。再加上经历了国内市场较严的"大考"和激烈的竞争与洗牌，互联网行业成为中国企业品牌出海的集中领域，一大批成功出海的中国品牌逐渐为人所知。

以字节跳动的 TikTok 为例，作为第一款真正意义上实现全球化的中国互联网产品，根据美国云网络安全服务公司发布的数据显示，2021 年，TikTok 已取代 Google，成为全球流量最大的互联网产品（见图 1-2）。

Most popular domains Top 10

排名	2020	2021
1	Google.com	TikTok.com
2	Facebook.com	Google.com
3	Microsoft.com	Facebook.com
4	Apple.com	Microsoft.com
5	Netflix.com	Apple.com
6	Amazon.com	Amazon.com
7	TikTok.com	Netflix.com
8	YouTube.com	YouTube.com
9	Instagram.com	Twitter.com
10	Twitter.com	WhatsApp.com

图 1-2　全球流量最大的十大互联网产品（2020—2021）

除此以外，还有欢聚集团旗下的直播产品 Bigo Live、赤子城科技旗下的社交产品 MICO、米哈游旗下的游戏《原神》等。这些在快速迭代中不断成长的中国互联网企业，积累了更为成熟的研发和运营经验，正不断在更广阔的国际市场掘金。

不过，区别于互联网企业的"套利打法"，在大众消费品行业内，中国品牌出海主要还是通过另外三种方式：海外收购、跨境电商、合资出口。

在海外收购上，以安踏为例，其多年来先后收购了意大利运动休闲品牌斐乐（FILA），日本服装品牌迪桑特（Descente）、始祖鸟的母公司亚玛芬体育（Amer Sports）等众多海外知名品牌，在海外扩张方面发挥了巨大作用。

在跨境电商上，教外国人"嗑瓜子"的洽洽，中国高端零食倡导者良品铺子，凭借着近年来的发展，也已成功将产品卖到全球多个国家和地区。

在合资出口上，扎根印度市场的小米不时受到当地政治、经济上的钳制，直到2015年收到来自印度塔塔集团的关键投资，在其加持下，小米的印度发展之路也走得愈发顺遂。

在"大风大浪"中捕获"大鱼"——中国各个行业的企业在海外市场的成长和突破，无疑带给后来者更多的信心。

水大鱼多，哪些企业能抓住时代的红利

客观而言，从"非洲手机之王"传音，到风靡全球的短视频应用 TikTok，再到让无数北美女孩为之疯狂的 SHEIN，中国品牌出海的势头正盛，但这并不是一条人人都能轻易走通的捷径。

不同产品在不同市场和时机下，对应的游戏规则千差万别。

它们的成功只能是一种参考样本却不可完全复制。

回望中国过去早期的制造业出海，都绕不开三个名词：自主生产能力（OEM）、自主设计能力（ODM）和自主品牌（OBM）。始于20世纪的代工模式首先让中国工厂有了OEM，伴随着工厂工艺技术的成熟，厂方慢慢开始发展ODM。从白牌（没有牌子的商品）更进一步，工厂逐渐发现自己有能力设计出优秀的产品，随即又有了OBM意识。如今，从消费到高科技行业，无数的中国制造业企业处于OBM的探索状态。这是整个中国制造强大的底层逻辑。

换言之，能够出海的中国品牌，在产品力上已经与海外市场处于同一梯队。但问题也在于，品牌出海是进入一个全新的市场，光凭产品力还远远不够，需要产品力、渠道力、营销力三者相辅相成，缺一不可。

从整个品牌出海品类看，大致可以划分为标准化的工业品和非标准化的工业品两个大品类。抛开产品力外，这两个品类在渠道力和营销力方面各有侧重。

从前者来看，标准化的工业品对应的主要是汽车、家电、手机等行业。这些行业有着中国强大的供应链和产业链规模优势，极致的高性价比和用户体验就是品牌出海的最大优势。

这一类产品在用户方面基本上不会产生太大的地域区别，产品在不同的地区售卖，只需要改变软件语言即可。所以，无论是面向成熟市场，还是走向欠发达市场，渠道都是该品类进军海外的最大壁垒。

　　例如，在家电领域，海尔、海信、格力和美的等在布局全球化的过程中都把拓展渠道当作重中之重；在手机行业，OPPO、vivo、小米等在东南亚市场的争夺赛也都是从线上线下的渠道战开始的……这也意味着，在未来出海的征途中，谁首先在行业内抓住渠道，谁就能抢先分一杯羹。

　　从后者来看，非标准化的工业品主要包括游戏、社交和工具、食品饮料、美妆、服饰、鞋业等行业。这一类产品在不同区域市场有不一样的行业标准，以及非常地域化的偏好习惯。进军海外的品牌需要理解当地文化，才能知道消费者的审美趋势、使用习惯等，这就要求品牌对消费者有非常深刻的洞察和认知。这意味着，是否本土化是出海企业的灵魂，直接决定了出海产品能否被当地消费者接纳和喜爱。

　　艾媒咨询在《2020 年中国 App 出海市场现状与竞争格局专题研究报告》中提到，"中国移动互联网、移动应用出海时应关注本土化经营"（见图 1-3）。事实上，本土化已成为立足于海外市场的必修课。

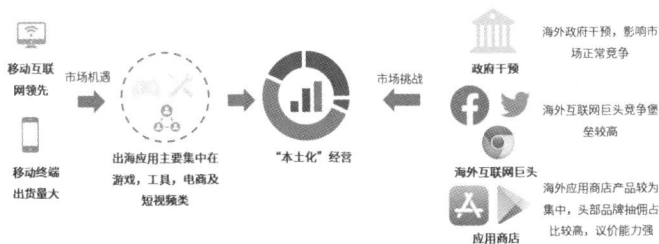

图1-3 中国移动应用出海现状及特点归纳

字节跳动的 TikTok 在本土化方面的努力就超越了同行快手，仅从团队来看，字节跳动在全球各地开设办事处，从硅谷各大公司挖人，打造了"本土高管天团"；欢聚旗下 Likee 还和当地俄罗斯歌手 T-Killah 合作，成为 T-Killah 的最新单曲和 MV 发布平台。

而在食品消费行业，随着对本土化的重视度越来越高，企业的开疆拓土历程也越来越顺利。

洽洽在包装上特地使用当地语言，并特意安排一些巧思，在包装上展示出嗑瓜子的方法；良品铺子在进军东南亚市场时，在跨境电商平台 Shopee 上线了多种口味的食品，就是为了找到东南亚人民最喜爱的口味。

总体而言，中国是全世界唯一一个拥有全部工业门类的国家，从培训工人到高质高效完成生产，中国的供应链在熟练度、敏捷程度和效率等关键指标上已然炉火纯青。这些也构成了中国品牌出海的坚实基础。

而在这趟"群英荟萃"的出海航行中，往往是深入了解、学习过往成功经验的水手，方能在比赛中脱颖而出，而他们也将抓住下一场比赛的入场券，赢得时代赋予的"巨额奖金"。

中国品牌出海道阻且长，但行则将至。

成为世界第一制造大国

中国制造的全面腾飞，还得从加入世贸组织算起。2001 年 11 月 10 日，历经 15 年的谈判，中国终于加入这个全球最大的多边贸易体制，同年 12 月 11 日，我国正式加入世贸组织，成为世贸组织的第 143 个成员。

世贸组织是全球最大、最重要的经济组织，其成员贸易总额占全球贸易额的 98%。作为世界经济体系的三大支柱之一，世贸组织在促进全球贸易增长，进而促进全球经济增长、改善就业、支持发展中国家融入全球贸易体系方面发挥着举足轻重的作用。

中国"入世"意味着向外界宣告，今后将积极融入世界，与国际规则和惯例全面接轨，落实开放，承诺扩大市场准入。基于此，中国企业也得以分享全球化红利，"中国制造"将全面涌向世界市场。

果不其然，2001 年以后中国经济的全球化发展旋即全面提速。这一年，中国赢得了"世界工厂"之名。

2002 年 11 月，入世一周年，中国就成为全球吸引外资第一大国。

2003 年，中国外贸增幅高达 37.1%，全年进出口总值达到 8512.1 亿美元，其中工业制品占比 87.36%。

在生产规模急剧扩张的背景下，一些成长起来的大型企业也开启了品牌扩张的步伐。2003 年 TCL 收购汤姆逊，2004 年联想收购 IBM 个人电脑业务，2005 年海尔竞购美泰等事件，都成为海内外热议的焦点。

正当"中国制造"在国际市场"攻城略地"的时刻，国内推动中国市场经济秩序的法治化、规范化的建设工作也传来利好消息。

2004 年 3 月，第十届全国人民代表大会第二次会议通过宪法修正案，第一次明确规定"国家保护合法的私有财产"，这是私有产权保护在最高立法机关进行的基础性确认。

同年 7 月，中国对企业的外贸经营权由审批制改为备案登记制，此举极大地释放了民营企业的外贸活力，有利于这些对外贸易的重要经营主体真正"甩开膀子，迈开步子"。

这一时期，中国制造在"走出去"的同时，也越发重视整合全球的研发资源，提升产品的研发设计能力，竞争实力大幅增强。2005 年，我国大中型工业企业研发投入达 1250.3 亿元，比上年增长 31%，增幅连续两年超过 30%。与 1995 年相比增长 7.8 倍，年均增速 24.3%。

"时来天地皆同力"，快马加鞭的中国制造业，迎来了高光时刻。2006 年，中国制造业 172 类产品产量居世界第一位，制造业增加值达到了 10956 亿美元。中国超越日本，成为世界第二制造大国。

2007 年，中国制造业增速连续 20 年居世界首位，制造业占全球的比例超过 13%。直到 2008 年，全球金融危机爆发，国际市场剧烈震荡，冲刺的步伐才有所放缓。幸而彼时全球范围内并未出现大规模的贸易保护主义，应该说世贸组织这个"稳定器"功不可没，得益于其公正且有效的争端解决机制，国际贸易基本面依旧运转正常。2008 年，我国外贸进出口总值同比增长17.8%，仍然保持高位。

由此可见，世贸组织倡导的自由贸易和多边主义原则，既是遏制贸易保护主义的"保险机制"，也是激励自由竞争的"赛马机制"。

中国汽车行业的壮大就是一个典型的例子。入世之初，人们普遍担忧汽车进口关税由入世前的 100% 降到 25%，中国的国产车将饱受冲击。然而，2006 年小轿车、越野车、小客车整车的进口税率已降至 25%，中国汽车产业仍然一派欣欣向荣，一路高歌猛进。

2001年，中国的汽车产量不过234万辆，2009年已达1379万辆，8年增长近5倍，跃居世界第一。在竞争加剧的处境下，吉利、比亚迪、长城、奇瑞、五菱等中国车企主动适应市场，通过技术、管理和服务能力的加速迭代，反而成功在全球的产业价值链中找到了自己的位置。

2010年是中国入世的第10年，这10年，可谓中国经济高速增长的"黄金时代"。我国国内生产总值（GDP）从2001年的11万亿元，增长至2010年的近40万亿元，世界排名由第六位跃升至第二位，超过日本，仅次于美国。10年为期，成绩耀眼：

中国货物贸易额由世界第六位上升到第二位，出口跃居第一位；

中国贸易出口额在 10 年间上升了 613%，出口占 GDP 比例最高达 35%；

中国累计吸收外商直接投资 7595 亿美元，居发展中国家首位；

中国对外直接投资年均增长 40% 以上，2010 年当年达 688 亿美元，居世界第五位。

中国入世是一个关乎国运的历史性抉择，它对中国经济腾飞的重要性怎么形容都不为过。中国复关及入世谈判首席谈判代表龙永图曾感言："一个人也好，一个国家也好，如果能抓住一个机遇，他也许可以创造一大笔财富，取得一个很大的胜利，甚至赢得整个时代的大转折。"

正是在 2010 年，中国制造业产值达 1.955 万亿美元，在全球制造业中占比 19.8%，当年美国制造业产值为 1.952 万亿美元，在全球制造业中占比 19.4%，中国制造业反超美国。这标志着自 19 世纪中叶以来，经过一个半世纪的征程之后，我国取得了世界第一制造业大国的地位。

"第一名"往何处去？

20世纪，尤其20世纪中叶至今的历史像持续更新的剧集，一代代人忙忙碌碌推动时代的齿轮，出现又离开。如果要给这部长剧归纳一个主题，那大概率是"工业化"。

过往的半个多世纪，工业化成了世界各国经济发展的目标。而工业实力集中体现为制造能力，"制造强则国强"几乎成为一种根深蒂固的执念。

2010年，中国斩获世界第一制造大国的地位，国人对此欣喜之余，认为这也是意料之中之事。以中国庞大的人口体量和优渥的资源"禀赋"，再加上市场经济制度激发的创造活力，以及西方发达国家产业大转移的历史机遇，种种机缘聚合而成的"世界工厂"势必盛况空前。

当然，纵使这一成绩可以作为中华崛起进程中一个颇具里程碑意义的节点，我们也更应该保持清醒。中国制造业规模固然巨大，但是大而不强，在自主创新能力、资源利用效率、产业结构水平、信息化程度、质量效益等方面与欧美发达国家差距明显，转型升级和跨越发展依旧任重道远。

就企业层面而言，少数大型企业正在成为全球竞技场上颇具实力的竞争选手，广大中小制造业企业则徘徊于中低端产业，尚在艰难寻找出路。

加入世贸组织以来，伴随全球化带来的新一轮高速发展期，中国企业的品牌意识悄然苏醒，企业呈现集群化成长，工业生态圈也在日渐扩容。彼时，中国制造业涌现出了联想、华为、海尔、格力、美的、中兴等优秀的大企业，这些企业阔步走向世界舞台的中央，已经可以与德国制造、日本制造、美国制造正面交锋、同台竞技。它们意气风发，向着各自的行业之巅发起冲锋。

但是，哪怕它们通通实现了自己的"冠军梦"，掌握核心技术的大企业终究是少数。中国制造的转型升级，应当是包括全国千千万万中小制造业企业在内的整体转型升级。倘若我们想要发掘中国制造前行的原动力，让创新与创造成为中国广大中小企业的普遍共识与集体行动，就需要把目光转移到为数众多却默默无闻的中小企业身上，给予它们同等的支持和鼓励。

查阅 2010 年前后的政策动向，我们发现，早在 2009 年 12 月，国务院就已成立促进中小企业发展工作领导小组，并由一位副总理担任组长。中央政府行政系统的专门调整，表明了国家的政策发展目标以及主政者的意志和决心，针对中小企业的具体帮扶举措呼之欲出。

工信部前总工程师朱宏任回忆，他在 2010 年前后曾与工信部中小企业司的同事着手研究此问题。他们达成的共识是，必须重点培育一批中小企业"小巨人"，先行摆脱模仿者、跟随者的标签，成为细分领域的独角兽、领跑者，让它们以更主动的姿态参与到行业标准的制定中来，为中国制造走向世界树立崭新的标杆。

我们在《"十二五"中小企业成长规划》中找到了那个熟悉的答案——"专精特新"。2011年9月，工信部发布了该文件，提出以"专精特新"为导向破解中小企业的成长困局。

紧接着国家层面也首次明确中小企业"专精特新"的发展方向。那是2012年4月发布的《国务院关于进一步支持小型微型企业健康发展的意见》，指出鼓励小型微型企业走专业化、精细化、特色化和新颖化以及与大企业协作配套发展的道路。

自此以后，政策的赋能越加频繁，扶持力度也不断加大。国家发展和改革委员会（简称发改委）、工信部、科学技术部等政府部门多次以意见和通知的形式，鼓励各地支持"专精特新"中小企业发展。

2013年7月，工信部发布的《工业和信息化部关于促进中小企业"专精特新"发展的指导意见》，再次提出"专精特新"的目标，并且明确了四项具体的工作目标：

引导中小企业专注核心业务，提高专业化生产、服务和协作配套的能力，为大企业、大项目和产业链提供零部件、元器件、配套产品和配套服务；

引导中小企业精细化生产、精细化管理、精细化服务，以美誉度高、性价比好、品质精良的产品和服务在细分市场中占据优势；

引导中小企业利用特色资源，弘扬传统技艺和地域文化，采用独特工艺、技术、配方或原料，研制生产具有地方或企业特色的产品；

引导中小企业开展技术创新、管理创新和商业模式创新，培育新的增长点，形成新的竞争优势。

不难看出，"专精特新"的提法其实与管理学家迈克尔·波特提出的竞争战略中的两个战略不谋而合，即"聚焦战略"（专精）和"差异化战略"（特新）。"专精特新"不仅立足于中国本土企业发展的实际经验，也符合管理学对于企业成长的一般要求。它是一种美好的愿景，广大中小企业距离这个愿景还有漫漫长路，但至少明确了目标，抵达只是时间问题。

在制造业产值规模登顶世界第一以后，中国制造的雄文刚刚开篇。环顾世界工业强国，它们没有原地踏步，都在加速进化。反观自身，中国制造必须孵化和培育出更多的"专精特新"企业，才能提高中小企业的整体素质以及中国制造的含金量，改变外界对于中国产品粗制滥造的刻板印象。

群雄逐鹿

工业强国多有先发优势，它们生产的工业产品风靡全球。20世纪中叶以来，亚洲国家中只有韩国、新加坡、以色列挤入了发达国家的队列。在 20 世纪七八十年代，它们顾盼自雄，推动附加值较低的制造环节外移，把价值链顶端的研发和营销两端握在手中。宏碁集团创始人施振荣画出的"微笑曲线"，清晰明了地诠释了这种状况。

发达国家是在什么时候重新意识到制造业的重要性的呢？倒不是中国戴上制造业第一大国的冠冕，而是 2008 年突如其来的国际金融危机。

这次金融危机"震中"在美国，进而波及全球，希腊、意大利、西班牙、爱尔兰等欧洲国家相继受害。事后，欧美判定危机主要根源是经济结构的"脱实向虚"，过度金融化导致国内制造业外移，以致没有了实体经济这块压舱石来确保经济大船的稳定。

于是，重振制造业成了各国的当务之急，"再工业化"的口号此起彼伏。这种趋势恰与另一股浪潮相叠加，那就是以人工智能、量子通信、清洁能源为代表的新一轮高新技术变革。谁赢得先手谁就有可能打造新的工业生产范式，重构国际产业格局。

美国：重振制造业

2009 年 4 月，金融危机爆发半年有余，美国总算缓过神来。

时任总统奥巴马提出将"重振制造业"作为美国经济长远发展的重大战略。同年 12 月，美国政府出台《重振美国制造业框架》，结合此前的《2009 年美国复苏和再投资法案》，推出总额为 7870 亿美元，覆盖可再生能源、节能项目、智能电网、医疗信息化等高新技术产业的资金扶持方案。

2010 年 8 月，美国再次甩出组合拳，接连公布《清洁能源与安全法案》《制造业促进法案》和《2010 制造业促进法案》，削减本土制造业所需的原材料进口关税，给予投资在本土的美国企业税收优惠。

2011 年 6 月和 2012 年 2 月，《先进制造业伙伴计划》和《先进制造业国家战略计划》相继启动，意欲释放诱人的政策信号，鼓励制造企业重返美国。

后来，不仅卡特彼勒、福特、苹果等众多美国公司重新在美国建厂，一些中国公司也冲着美国的政策优惠和制度环境，把工厂搬到了美国。比如中国"玻璃大王"曹德旺的福耀集团，2014 年起在美国设厂，6 年后在美国 5 个州都建立了分厂，此举被拍成了纪录片《美国工厂》，此片还斩获第 92 届奥斯卡金像奖最佳纪录长片奖。

工业扶持政策轮番登场，反映到实体经济上的数据上也有所改观。美国制造业占 GDP 的比重，由 2009 年的 11.9% 提高到 2013 年的 13.9%；2013 年制造业出口总额更是较 2009 年大涨 49%。

欧盟的"新工业政策"与德国"工业 4.0"

金融危机如同瘟疫一样迅速蔓延，大西洋也不是安全屏障，欧洲自然无法隔岸观火。

2010 年 3 月，欧盟委员会出台了历史上第二份十年经济发展规划《欧洲 2020 战略》，展示超越国别的"兄弟同心"。之后，欧盟委员会制定了《全球化时代的统一工业政策》，内含未来工业政策的基本框架，囊括改善产业环境、强化统一市场、新工业创新政策、国际资本化和促进工业现代化等五个方面。

然而到了 2012 年，金融危机对欧盟的影响仍在扩散，欧洲工业的产值较危机前下降了 10%，还附带丢失了多达 300 万个就业岗位。

各国民众牢骚满腹。2012 年 10 月，欧盟委员会发表酝酿多时的工业政策沟通版报告《强大的欧盟工业有利于增长和经济复苏》，强调通过"增强型工业革命"扭转欧盟工业比重下降趋势。这一"新工业政策"明确了工业在欧盟的核心地位，誓言工业占欧盟 GDP 的比重，2020 年要提高到 20%。

在此期间，欧盟顶梁柱德国的一举一动最令世人瞩目。2010 年 7 月，德国政府公布《高科技战略 2020》，提出一系列促进制造业发展的创新政策。

在2013年4月的汉诺威工业博览会上，德国机械设备制造业联合会、德国电气和电子工业联合会等机构设立"工业4.0平台"，并向德国政府提交了平台工作组的最终报告《保障德国制造业的未来——关于实施工业4.0战略的建议》。这就是日后闻名世界的德国"工业4.0"的提出。

本质上，"工业4.0"主张融合信息技术与制造技术，改变当前的工业生产与服务模式，以此巩固德国在全球制造业的龙头地位，争夺以智能制造为主导的"第四次工业革命"的话语权。

中国产业专家罗文有过专门总结：

"工业4.0"战略的核心就是通过信息物理系统（CPS）实现人、设备与产品的实时连通、相互识别和有效交流，从而构建一个高度灵活的个性化和数字化的智能制造模式。

在这种模式下，生产由集中向分散转变，规模效应不再是工业生产的关键因素；产品由趋同向个性转变，未来产品都将完全按照个人意愿进行生产，极端情况下将成为自动化、个性化的单件制造；用户由部分参与向全程参与转变，用户不仅出现在生产流程的两端，而且广泛、实时参与生产和价值创造的全过程。

德国政府认为，尽管德国拥有强大的机械和装备制造业，但中国制造一日千里，对德国工业构成了竞争威胁。此外，美国也已通过各种政策法案激励先进制造业发展。因而，"工业4.0"战略乃是为了"确保德国制造的未来"。

中国制造2025

欧美在明里暗里较劲，押注制造业，竭力挣脱金融危机的阴影，中国也无法置身事外充当一名旁观者。相反，我们需要躬身入局，展现一个新兴制造大国的雄心、责任和智慧。

2008 年的金融危机对中国的冲击同样剧烈，中国经济增速在第三季度回落到个位数，要知道，在此前的三年半，中国季度经济同比增速都保持在两位数。

中国政府为稳增长实施了"四万亿"大规模刺激计划。2009年年初，国务院推出"十大产业调整振兴规划"，提供政府基金、信贷支持、税收减免等多项配套政策，涉及钢铁、汽车、纺织、装备制造、船舶、电子信息、轻工业、石化、有色金属、物流业等行业。

2009 年一季度，中国经济增速触底 6.4%，迎来"V 型"反弹，到 2009 年三季度已经恢复到两位数的增长速度，中国成了最早摆脱金融危机旋涡的国家。值得一提的是，2009 年中国对世界经济增长贡献达 42%。

在随后的几年里，国民经济持续增长，制造业大国地位不断巩固，截至 2014 年年底，中国的钢、煤、水泥、棉布等 200 多种工业品产量均居世界第一。不过，从中央到地方一系列的经济刺激计划，也导致了产能过剩的负面效应。

以钢铁行业为例，2015 年钢铁产能已从 2000 年的不足 2 亿吨增至 12 亿吨，相对国内 7 亿吨的市场需求，产能利用率不到 67%。中国钢铁产能超过其余 4 个钢铁生产大国——日本、印度、美国、俄罗斯的总和。此外，中国制造业的平均产能利用率仅为 60%，而美国等发达国家是 78.9%，全球制造业平均水平是 71.6%。除了钢铁，电解铝、焦炭、水泥、平板玻璃、风电设备、光伏和造船等行业的产能利用率都低于 75%，在当时中国的 24 个重点行业中，有 22 个行业存在严重的产能过剩。

那些年，中国屡次下决心大力淘汰落后的制造业企业，制造业的盲目扩张势头终于逐步放缓。精简数量是为了提升质量，制造业的转型升级才是治本之道。

2015 年 3 月的政府工作报告中首次提出"中国制造 2025"的宏大计划，表示要提高制造业创新能力、推进信息化和工业化深度融合、推行绿色制造等方针，并以此作为制造强国战略的行动纲领。明确指出智能制造是抢占未来经济和科技发展的制高点，更是传统制造业转型升级的必由之路。

总之，这份由百余名院士和专家历时两年多时间联手制定的《中国制造 2025》，可以说是中国制造业未来 10 年的顶层设计和路线图谱，它规划了从中国制造向中国创造、中国速度向中国质量、中国产品向中国品牌的三大转变，并寄望中国到 2025 年基本实现工业化，跻身制造强国之列。

可以将之概括为"一二三四五五十"的总体结构。

"一"，就是从制造业大国向制造业强国转变，最终实现制造业强国的一个目标。

"二"，就是通过两化融合发展来实现这一目标。党的十八大提出了用信息化和工业化两化的深度融合来引领和带动整个制造业的发展,这也是我国制造业所要占据的一个制高点。

"三",就是"三步走"的战略,大体上每一步都用 10 年左右的时间来实现从制造业大国向制造业强国转变的目标。

"四",就是确定了四项原则。第一项原则是市场主导、政府引导。第二项原则是既立足当前,又着眼长远。第三项原则是全面推进、重点突破。第四项原则是自主发展和合作共赢。

"五五",就是有两个"五"。第一个"五"就是坚持五条方针,即创新驱动、质量为先、绿色发展、结构优化和人才为本。第二个"五"就是实施五大工程,包括制造业创新中心建设的工程、强化基础的工程、智能制造工程、绿色制造工程和高端装备创新工程。

"十",就是十大领域,包括新一代信息技术产业、高档数控机床和机器人、航空航天装备、海洋工程装备及高技术船舶、先进轨道交通装备、节能与新能源汽车、电力装备、农机装备、新材料、生物医药及高性能医疗器械 10 个重点领域。

《中国制造 2025》的布局环环相扣,层层递进,是一个立足国情的整体规划。它并非对于世界金融危机的应激反应,也不只是应对欧美"再工业化"的被动举措,而是世界第一制造业大国在加快转变经济发展方式的过程中,迎接新一轮科技革命和全球产业格局重组的主动创变。

变革的序曲已经奏响,局中人各就各位,时间在无声流淌,唯一确定的是中国制造将驶入一片未知的海域。

案例

"新苏南模式"下的常州动能

财经无忌 / 文

2024 年 1 月，常州市政府披露的 2023 年经济数据显示，2023 年常州生产总值达 1.01 万亿元，成为江苏的第五座万亿城市。

跻身"万亿俱乐部"，常州的新质生产力功不可没。

根据国家统计局的定义，新一代信息技术、高端装备制造、新材料、生物、新能源汽车、新能源六大产业属于国家战略性新兴产业，属于新质生产力。

其中的新能源汽车和新能源，正是常州近些年发展的重点。

2024 年 2 月 1 日，江苏省委办公厅、省政府办公厅下发《关于支持常州新能源产业高质量发展的意见》，进一步强化新能源产业对于常州、全省乃至全国经济未来的重要性。

意见指出，力争2025年常州新能源产值规模超万亿元。2035年，产值规模在2025年的基础上进一步扩大，在生产生活中的渗透率处于全国领先地位。

这座曾经提出"中小城市学常州"口号的千年古城，在新旧产业交汇之际，其特有的新能源全产业链之路，将为自身乃至江苏提供全新的经济动能。

新能源产业，为常州提供"新苏南模式"

各地公布的 2023 年的数据显示，苏州 2023 年实现地区生产总值 2.47 万亿元，（按可比价格计算）比上年增长 4.6%；无锡 2023 年实现地区生产总值 1.55 万亿元，比上年增长 6.0%；常州 2023 年实现地区生产总值 1.01 万亿元，比上年增长 6.8%。

将时间线拉长到以 10 年计（2014—2023 年），三地的 GDP 增长分别为 80.3%、85.4% 和 100.0%。

虽然从经济总量上来看，常州的 GDP 总量长期处于苏州的 1/3 和无锡的 2/3，但增长势头显然更猛。

常州保持经济高速增长的秘诀是什么？

答案就是新能源产业。

让我们先看看常州新能源产业发展的现状。

数据显示，2023 年，常州新能源整车、新型电力装备、光伏行业产值较上年分别增长 126.6%、11.0% 和 6.1%，对全市规模以上工业产值增长贡献率达 98.9%，全年实现新能源领域制造业产值 7680.7 亿元，较上年增长 15.0%；全市新能源汽车整车产量达 68 万辆，居江苏省第一，占全国的 7.1%；全市光伏行业产值突破 1000 亿元，规模位居全国前列；在储能领域，常州生产的动力电池销量约占全国销量的 19.0%，产业链的完整度达 97.0%。

具体到企业层面，全球电动汽车动力电池装车量排名前十的企业中有三家落户常州：宁德时代 2016 年在常州落地建厂，2023 年 12 月，成功入选"灯塔工厂"；中创新航股票成为港股动力电池"第一股"。

常州的新能源产业发展，不仅体现在对如宁德时代、中创新航、天合光能等几家头部企业的引进及扶持上，更注重新能源产业链全链产业集聚。

从 2011 年起，常州就开始打造新能源全产业链集群，形成了涵盖"发、送、储、用"的新能源产业"大循环"发展格局。

从光伏发电、风能发电到电力输送乃至储能领域，常州的单个领域都做到了产业闭环，个别企业也成为各自领域的"领头羊"。

那么，常州的新能源产业是如何做到"平地起高楼"的？

常州"能"耐，从何而来

能源是现代化产业运作的基础。

而通过创新技术和产业模式，提高能源开发、利用和转换效率，从而推动产业转型升级和可持续发展的新能源，则是新质生产力的具体体现。

为什么常州能率先把握新质生产力的内涵并做出成果？

我们认为，主要有三点原因。

◎ 常州拥有深厚的制造业基因

一条青果巷，半部常州史。青果巷不仅走出了唐荆川、钱维诚、恽鸿仪、吴祖光等文化名人，更有盛宣怀、刘国钧这样的实业家。

晚清实业家盛宣怀虽未在常州本地投资兴业，但是创造了

11项（包含航运、电报、纺织、铁路、教育、银行、煤矿、档案管理、慈善等）"第一"的他无疑有着常州的创业基因。

随后，"纺织巨子"刘国钧为常州制造业的发展奠定了基础。三渡日本的刘国钧不仅为常州打造了工业基础，更将当时国外先进的技术、管理理念结合工厂实践，为中国工业近现代化发展作出了巨大的贡献。

早在1983年，常州一市三县的乡镇以上工业企业已达2634家，集体企业占87.4%。其中，市区工业企业443家，年产值1000万元以上的有100家。

常州的制造业基因让其有足够的基础实现新时代的产业转型。

◎ 敢于抓住时代机遇

中国新能源汽车的发展史，最早可以追溯到"863计划"（国家高科技研究发展计划），而中国新能源汽车产业崛起于2009年的"十城千辆"工程（十城千辆节能与新能源汽车示范推广应用工程）。

2年后的2011年，常州的新能源汽车研究院成立，同时常州新能源汽车研究院也在常州市钟楼区成立。

2014年8月，常州市正式制定扶持新能源汽车产业发展的政策文件《常州市新能源汽车推广应用实施意见》；同年，常州被列入新能源汽车推广计划城市，市政府从如何落地的角度提出了具体实施方案，包括具体补贴政策和补贴标准。

此外，包括《新能源汽车产业发展规划指导意见》《氢燃料电池汽车产业发展规划》以及 2022 年出台的《常州市推进新能源之都建设政策措施》都在不断巩固常州新能源产业的建设。

摸准了时代脉搏的常州，从政策层面发力，不断加大对新能源产业发展的扶持力度。

◎ 有魄力，更有落地

政策指引，资本助力，是常州能够将新能源产业链做大做强的关键。

首先要做的就是不断引进产业头部企业。

自 2011 年起，包括波士顿电池、天合光能、东方日升、宁德时代、中航锂电、蜂巢能源、北汽新能源、比亚迪、理想等新能源产业上中下游行业巨头先后入驻常州，为常州新能源产业发展提供了充足的动力。其中，对于中航锂电的引进，可谓常州新能源产业发展中浓墨重彩的一笔。

其次，常州市政府深知，培养本地区的核心研发能力，才是成为新能源之都的关键。

为此，常州市依托安泰创明新能源材料研究院、天目湖先进储能技术研究院、常州科教城新能源汽车工程技术研究院、常州新能源汽车研究院等创新研发平台，全力开展氢能产业的技术攻关、工程研究和产品开发。

我们认为，常州新能源产业能在短短十几年内飞速发展，并为当地的经济作出巨大贡献，离不开以上三点原因。

那么，即将迈过万亿元体量的常州，又该如何走好接下来的路？

甚至可以问得更大胆一点，第一个万亿有了，第二个万亿还远吗？

常州距离下一个万亿还远吗？

其实，想要回答这个问题，可以先看看苏州的做法。

作为"苏南模式"的代表，苏州自古以来便是手工业城市，发展至近代，有着深厚底蕴的手工业逐步升级为制造业。

随着上海在近代逐渐成为全国经济中心，苏州因地理优势深受其影响，立好做上海"辅助"角色的目标后，苏州的经济也开始腾飞。

开放的思想让苏州乡镇企业高速发展，并被费孝通先生总结为"苏南模式"。

1993 年，江苏乡镇工业产值突破 4000 亿元，仅苏州市就贡献了 1300 多亿元，其中，走出了如恒力集团、盛虹控股这样的世界 500 强企业。

苏州在从第一个一万亿走向下一个一万亿过程当中，关键在于完成了从劳动密集型向技术密集型的高质量产业转型。

如果将 2011—2020 年当作常州新能源产业发展的第一阶段，正如洛阳市委政策研究室公众号"洛地有声"的文章所述，常州通过抢抓风口，借助政府的政策导向、资本调配，以引进为主，为常州集聚了新能源产业上中下游头部企业，实现了全产业链布局。

引进重点企业的确能为本地经济体量的迅速增加提供动力，解决就业，吸纳人口，但这些企业在常州始终是以生产基地的身份出现的：溧阳时代公司研发总部在福建宁德，金坛蜂巢能源公司研发总部在河北保定。

也正是因为这个原因，常州在2021年第三批国家先进制造业集群竞赛中，申报的动力电池产业集群在初赛中落选。而宁德和保定的相关集群都顺利进入了第三批国家先进制造业集群名录。

另外，常州想要在经济总量上迈向下一个万亿，需要解决下辖各行政区发展不均的问题。

2023年的数据显示，武进区（含经开区）GDP总量为3222.84亿元，远远超出排名第二、三的新北区（GDP总量2118.65亿元）与溧阳市（GDP总量1557.22亿元）。

而作为老城区的天宁区（GDP总量972.40亿元）与钟楼区（GDP总量942.32亿元），至今仍未触及千亿元水平。

同一时期的苏州，排名前两位的昆山市（GDP总量5140.00亿元）和工业园区（GDP总量3686.00亿元）之间的差距就小很多。并且苏州所有区县中只有老城区姑苏区（950.00亿元）未触及千亿元线。

反观常州，由于20世纪行政区块规划的原因，溧阳、金坛本就距常州市区较远，想要短时间内成为常州的"昆山"或者"张家港"，还有很长的距离。

　　参考苏州，常州需要在下一个10年里锚定"新能源之都"的目标，加快产业高质量转型，吸引人才，利用西临上海、东接省会的地理优势，以产业吸引人才，以人才发展产业，夯实迈向下一个万亿的基础。

　　中国汽车工业协会数据显示，2023年，我国新能源汽车的生产和销售分别达到958.7万辆和949.5万辆，同比增长35.8%和37.9%，市场占有率达到31.6%。

　　汽车工业协会同时预测，2024年中国新能源汽车销量将达到1150万辆，同比增长20%左右。

　　虽然价格战硝烟四起，但市场前景仍旧十分广阔。

　　常州以看似"无中生有"的姿态创造出特有的新能源产业链，表现令人瞩目。跨过万亿门槛的常州，挑战重重，但这座古时被称为"龙城"的常州，会在不久的将来乘势而上，以更为完善的新能源产业链，为江苏的经济发展提供全新动力。

步入改革深水区

将制造业置于中国宏观经济走向的整体背景中，我们或可穿透时间的迷雾，更准确地梳理出制造业演进的脉络。

2015 年是经济发展的"拐点"，中国就此进入了改革的深水区。第三季度 GDP 同比增速降至 2009 年一季度以来新低。2015 年 9 月，居民消费价格指数（CPI）跌至"1"时代。同年 10 月，工业生产者出厂价格指数（PPI）连续 44 个月下降。企业盈利数据同样惨淡，2015 年全国规模以上工业企业利润总额比上年下降 2.3%，其中，国有控股企业利润总额比上年下降 21.9%。

形势不容乐观，每个数据都无比沉重。经济增速下降、工业品价格下降、实体企业盈利下降，多重压力传导势必指向财政收入增幅下降，甚至诱发经济风险发生的概率。为了保证经济平稳健康发展，除了政策面降息降准、加大投资等常规动作以外，产业端转型升级的需要从未如此紧迫。

2015 年 11 月 10 日，习近平总书记在中央财经领导小组第十一次会议上讲话中首次提出"供给侧结构性改革"。同年 12 月，中央经济工作会议明确，2016 年的首要任务是积极稳妥化解过剩产能，目的就是将宝贵的资源要素从那些产能严重过剩的、增长空间有限的产业和"僵尸企业"中释放出来，理顺供给端，提高有效供给，创造新的生产力。

具体来说，我国制造业总体实力已迈上新台阶，因而，制造业的供给侧结构性改革，尤其是化解过剩产能、促进工业企业降本增效、补齐实物产品质量短板等方面的突破，关乎工业发展的质量和效益，更关系到我国制造业的创新发展和转型升级。以此为契机，强化工业基础能力，是《中国制造 2025》战略文件的核心任务，也是加快制造强国建设的重心所在。

回顾 2016 年，制造业领域的政策密集出台，如同一个个指向未来的路标，转型路径日渐清晰。

2016 年 3 月，工信部表示，为引导制造业企业专注创新和产品质量提升，推动产业迈向中高端，带动中国制造走向世界，决定开展制造业单项冠军企业培育提升专项行动。

制造业单项冠军企业是指长期专注于制造业某些特定细分产品市场，生产技术或工艺国际领先，单项产品市场占有率位居全球前列的企业，主要指标为：

聚焦有限的目标市场，主要从事制造业 1 到 2 个特定细分产品市场，从事 2 个细分产品市场的产品之间应有直接关联性，特定细分产品销售收入占企业全部业务收入的 70% 以上；

在相关细分产品市场中，拥有较高的市场地位和较大的市场份额，单项产品市场占有率位居全球前 3 位；

企业长期专注于瞄准特定细分产品市场，从事相关业务领域的时间达到 10 年或以上，或从事新产品生产经营的时间达到 3 年或以上。

在"专项行动实施方案"中，配合《中国制造 2025》战略，工信部设定以下目标：到 2025 年，形成 200 家制造业单项冠军示范企业，巩固企业全球市场地位，技术水平进一步跃升，经营业绩持续提升；培育 600 家有潜力成长为单项冠军的企业，支持企业成长为单项冠军企业，总结推广一批企业创新发展的成功经验和发展模式，引领和带动更多的企业走"专特优精"的单项冠军发展道路。

4 月，工信部的"工业强基专项行动"颗粒度愈发细化，包含重点突破 40 种标志性核心基础零部件（元器件）、关键基础材料、先进基础工艺；创建产业技术基础体系，提升 10 家左右产业技术基础公共服务平台的能力等详细目标。希望借此行动，逐步解决重大工程和重点装备的基础瓶颈，形成整机制造和基础服务协调发展的产业环境。

5 月，根据《工业和信息化部办公厅财政部办公厅关于发布 2016 年工业强基工程实施方案指南的通知》，提出围绕产业发展基础选择部分重点方向，组织实施一批重点项目，夯实工业发展基础，提升工业发展的质量和效益。

6 月，工信部发布《促进中小企业发展规划（2016—2020 年）》，建设性地将培育一批可持续发展的"专精特新"中小企业作为"十三五"期间促进中小企业发展总体目标的内容之一。特别强调了政府要从管理者"变身"为服务者，着力推动中小企业转型升级、改善供给，促进中小企业持续健康发展。

8 月，工信部、发改委、科学技术部、财政部联合印发了涉及制造业创新中心建设、工业强基、智能制造、绿色制造和高端装备创新的五大工程实施指南。这些工程需要长期的大量投入，更需要行业联动。政府的牵头引导，有利于形成行业共识，汇聚社会资源，突破制造业发展的瓶颈和短板，抢占未来竞争制高点。

抚今追昔，在中国制造业转型的十字路口，唯有迅捷、有效的制度改进和政策转化，方能理顺各方利益关系，形成新的增长动力。

根据法国经济学家萨伊的"供给创造需求"论断，"一种产品的生产，会为其他产品开辟销路"。供给侧结构性改革不仅在盘活存量，也在创造增量。有关部门通过改革制度供给，完成了供给侧环境改善、供给侧机制优化的历史任务，也使得广大中国制造业企业甩掉了历史包袱，换上动力强劲的新增长引擎。

第一批专精特新"小巨人"

2018 年是一个值得纪念的年份，时值改革开放 40 周年，改革开放以来，中国经济发展的黄金时代完全可以用"激荡四十年"来概括。中国工业增加值从 1978 年的 1622 亿元增长到 2018 年的 30 多万亿元，按不变价计算增长了 180 多倍。中国制造业增加值占全世界的份额达 28% 以上，成为驱动全球工业增长的火车头。

也是在这一年，关于中国经济成就、工业实力的文字频频见诸报端。这些文章往往不约而同地提到这样的表述：中国拥有 41 个工业大类，191 个中类，525 个小类，成为全世界唯一拥有联合国产业分类中全部工业门类的国家……在世界 500 多种主要工业产品当中，有 220 多种工业产品中国的产量占据全球第一。

似乎中国已经拥有了举世无双的工业体系，完全能够生产从衬衫皮鞋到火箭航母的一切工业产品。

令人始料未及的是，2018 年 3 月一只"黑天鹅"闯入公众的视线，搅乱了原本欢乐祥和的局面。

3 月 8 日，时任美国总统特朗普签署"232 调查"[①]，决定对进口的钢铁和铝产品分别征收 25% 和 10% 的关税。

3 月 22 日，特朗普签署法案，拟对 500 亿美元左右出口美国

---

① "232 调查"是指美国商务部根据 1962 年《贸易扩展法》第 232 条条款授权，对特定产品进口是否威胁美国国家安全进行立案调查。

的中国商品加征 25% 关税。

4 月 6 日，特朗普再次要求美国贸易代表办公室依据"301调查"①，额外对 1000 亿美元中国进口商品加征关税。

6 月 18 日，特朗普威胁要对价值 2000 亿美元的中国商品征收更多的关税。

……

美方咄咄逼人，中国"兵来将挡，水来土掩"，也都见招拆招地采取了反制措施，你来我往数个回合的关税战，让中美贸易摩擦不断升级。

美国宣布制裁中国的理由是中美之间的所谓"不公平的贸易"，声称加征关税的出发点是平衡中美贸易中长期存在的巨大逆差。然而，"司马昭之心，路人皆知"，其在2018年3月发布的长达184页的"特别301条款"调查报告中，"逆差"只出现了一次，报告明确提到《中国制造2025》《国家中长期科学和技术发展规划纲要（2006—2020年）》，认为中国正在寻求高端科技制造领域的重大突破，所以必须阻止中国在部分高端科技领域存在的不公平行为（如窃取美国核心技术），以免损害美国的利益。美国贸易代表办公室官员甚至对国会表示，此次"301调查"就是要干扰中国成为制造业国际领跑者。

毕竟，长期以来中国制造业都处于全球产业价值链的中低端，

---

① "301调查"是美国 1974 年《贸易法》第 301 条的俗称，是美国贸易法中有关对外国立法或行政上违反协定、损害美国利益的行为采取单边行动的立法授权条款。

不断向世界输送大量廉价的工业制成品，以至于曾有"七亿件衬衫换一架波音747"的艰辛过往。而2015年制定的《中国制造2025》战略，重点布局的航空航天、工业机械、机器人、电动汽车、医疗设备等产业，都是以高新技术为支撑，拥有高附加值的产业。一旦中国制造业成功迈入高端领域，可能会改变发达国家赖以生存的国际分工体系，于是美国先发制人的遏制手段就安排上了。

纵然美国的打压来势汹汹，中国在对抗之余，也坚定了攀登产业价值链的信念。我们必须加快国内制造业整体性的产业升级，打破发达国家在高新技术领域的垄断地位。

在2018年，中国制造业已然分化出不同的转型升级路径。大型企业在规模上已进入各自领域的第一梯队，甚至进入失去对标物的"无人区"。它们何去何从，需要依靠顶尖的科研基础和企业家的宽广视野。

重点是广大的中小企业，作为中国制造业的基本盘，它们的集体走向牵动着中国制造业的未来命运。截至2018年年底，中国中小企业的数量超过3000万家，个体工商户数量超过7000万户，影响力之大在当时催生了一个"56789"的说法：中小企业贡献了全国50%以上的税收，60%以上的GDP，70%以上的技术创新成果，80%以上的劳动力就业和90%以上的企业数量。

2018年6月，国务院调整了促进中小企业发展工作领导小组，由刘鹤担任组长。此后，中央对支持"专精特新"中小企业发展做出了新的指引和定位，各级政府在中小企业中培育"专精特新"

企业的进程不断提速。

2018 年 11 月，工信部发布了《工业和信息化部办公厅关于开展专精特新"小巨人"企业培育工作的通知》，计划用三年时间（2018—2020 年），在各省遴选的"专精特新"中小企业基础上，培育 600 家左右专精特新"小巨人"企业。其中，2018 年培育 100 家左右专精特新"小巨人"企业。

所谓专精特新"小巨人"，是指专注于细分市场、创新能力强、市场占有率高、掌握关键核心技术、质量效益优的排头兵企业。此番培育意在促进排头兵在创新能力、国际市场开拓、经营管理水平、智能转型等方面的发展。

同样是在 11 月，工信部、发改委、财政部、国务院国有资产监督管理委员会四部委联合印发《促进大中小企业融通发展三年行动计划》。本次行动计划，旨在营造大中小企业融通发展产业生态，鼓励大中小企业创新组织模式、重构创新模式、变革生产模式、优化商业模式，进一步推动大中小企业融通发展。

2019年5月，工信部公布第一批专精特新"小巨人"企业名单。北京臻迪科技股份有限公司、瑞普（天津）生物药业有限公司、唐山贺祥机电股份有限公司等248家企业被认定为第一批专精特新"小巨人"企业。

第一批"小巨人"的认定，标志着"专精特新"评价和培育体系的成熟。这些脱颖而出的企业，将在改善经营管理、提升产品质量、实现创新发展方面发挥示范带动作用。

至 2023 年 7 月，第五批 3671 家专精特新"小巨人"企业公示名单出炉，全国已评选出超过 12600 家专精特新"小巨人"企业。这些拔尖的"小巨人"无疑是幸运的，它们将在资金、人才、技术等方面获得更多的政策支持，在更广阔的空间进一步舒展羽翼。作为行业标杆，其发展经验也可供其他企业借鉴效仿。当然，"小巨人"的荣誉来之不易。

2022 年，浙江大学管理学院专精特新研究中心曾经对这些"小巨人"企业进行过抽样调查，依据收回的 1100 余份调查报告，总结了"小巨人"企业的四大特征。

（1）创业者素质大幅提升

95.8% 的创业者拥有大专以上学历，40% 拥有研究生以上学历。受过良好教育的新一代创业者，很可能拥有广阔的全球化视野，对于先进技术有敏锐的洞察，也更懂得现代管理理念和企业发展规律。

（2）产业集群抱团发力

48% 的企业集中在 20 个制造型城市。产业的集群化是经济发展的必然趋势，某些城市由于经济地理优势，吸引了大量企业聚集，由此形成完整的产业生态，以高效的产业协同助推企业发展。

（3）应用驱动国产替代

44% 的企业从事国产化替代的研发和制造。中国产业升级的目标之一就是完成重点领域的国产替代，而"小巨人"企业恰恰是技术攻坚的主体。它们是细分市场的王者，在巩固和扩大市场份额的过程中完成了产品和技术的迭代。

（4）资本赋能加速孵化

"小巨人"企业占全部 A 股上市公司的 20%，占北京证券交易所（简称北交所）上市公司比例的 41%。相比过去的制造企业，"小巨人"企业显然更理解金融与产业的共生关系。在今天产业竞争加剧的时代，它们更加善于利用金融杠杆为企业扩张助力，这将是奔跑中的现代制造企业的必备技能。

当一批批专精特新"小巨人"企业崛起于中国大地，中国产业升级就有了数以万计的强劲支点，与此同时，广布全国的千万中小企业也在前行之中望见了行业的灯塔。我们期待"专精特新"演变为中国企业成长的一种全新范式，让中国制造业由大变强，在将来的国际竞争中不再进退维谷，不再陷于"卡脖子"的窘境。

案例

中国面板行业往何处去？

财经无忌 / 文

2024 年 1 月 12 日，有着"科技春晚"之称的国际消费电子展（International Consumer Electronics Show，CES）在美国拉斯维加斯闭幕。作为全球规模最大、影响力最广的消费电子产业盛会，显示技术和彩电终端一直是 CES 的重要展示内容。

在展会上，全球显示龙头三星、LG、京东方、TCL 科技等公司无一不在有机发光二极管（OLED）的新形态、新场景上"暗暗较劲"。

自 2021 年下半年开始，以 TV 面板为代表的大尺寸面板供需发生变化，面板价格就此开始进入这一轮的面板周期。但令所有人都没有预料到是，这一波下跌会延续如此之久。

当前，液晶显示器市场需求还未出现明显复苏。但不少国产面板厂商早已经开启新一轮的竞赛——争夺 OLED 的制高点，试图借助新技术的拐点实现"弯道超车"。

OLED 与液晶显示器（LCD）、微型发光二极管（MLED）并称为当下三大显示技术。但由于 OLED 屏工艺难度高、良品率较低，占据先发优势的韩国和日本之前一度垄断 OLED 的市场份额：在中小屏 OLED 领域，三星显示可以说是绝对领导者，占据了全球市场 95% 以上的份额；而在大尺寸 OLED 市场，LG 显示占据了垄断地位，是为数不多可以实现量产的生产商之一。

过去数年里，国产厂商快速追赶，几家品牌的出货量迅速增加，不断向 OLED 市场发起冲击。遗憾的是，与国际相比，国内面板厂的技术、产线和产品主要布局在以智能手机为代表的小尺寸市场，而且在技术、规模、价格等方面都不"讨喜"。

面板行业一时还难以走出低谷。对于中国面板厂商而言，实现在 OLED 领域的突围，是"裹紧衣被过寒冬"的重要机会。

与此同时，国内面板厂角逐中尺寸 OLED 赛道的消息不断——维信诺可覆盖全尺寸 OLED 的新技术量产项目首片模组成功点亮，京东方启动主攻中尺寸 OLED IT 类产品的 8.6 代线主动矩阵有机发光二极体（AMOLED）生产线项目，TCL 科技透露聚焦中尺寸业务的印刷 OLED 产线将于 2024 年下半年量产……

一场关于中国厂商的突围战打响了。

OLED 技术分野带来的一场新较量

2023 年 5 月 9 日，维信诺股价一度涨停，其之所以能够在一度低迷的半导体显示概念股中"飘红"，则来自一则利好。

在当天广州举行的 2023 世界超高清视频产业发展大会上，维信诺全球首发了无精密金属掩膜版 RGB 自对位像素化技术（即维信诺 ViP 技术）。

该技术最大的优势在于，具有无精细金属掩膜版（即无FMM）、独立像素、高精度的特点，通过半导体光刻工艺，实现更精密的 AMOLED 像素。

核心关键词是"无FMM"。

一般而言，OLED面板量产的主流方法是真空蒸镀工艺，而FMM作为用于OLED核心蒸镀制程的核心消耗性材料，是中小尺寸柔性OLED生产中不可或缺的材料，也是实现高分辨率像素等性能的必备零部件。

当前，AMOLED技术已经在6代产线和智能手机应用领域取得成功，在OLED向更大尺寸和更高世代线的方向突破的过程中，具有高附加值和高技术壁垒的FMM成为一道无法绕开的坎儿。

此前，大日本印刷株式会社（DNP）占据了全球FMM 90%以上的市场份额，三星显示、LG显示以及国内主要OLED面板厂商只能与DNP签署相关排他性协议，且制造FMM的关键材料Invar合金仅有日本日立金属株式会社一家企业生产。

换而言之，FMM卡住了中国厂商的"脖子"。

但维信诺ViP技术（见图1-4）绕开了供给资源十分有限且容易受制于人的FMM，通过无FMM光刻技术路线，走出了中国企业自己的OLED蒸镀工艺路线。

图1-4　维信诺ViP技术

在行业看来，如果光刻 OLED 技术产业化，将会加速 OLED 向中大尺寸应用渗透的进度。这也解释了为何维信诺的投资者如此兴奋。

实际上，自 2023 年以来，除了维信诺外，京东方、TCL 华星（TCL 科技子公司）等多家半导体显示企业都在试图绕开以日韩为引领的旧路线。

在技术快速迭代的半导体显示领域，没有永远的王者，只有永远的创新。对于一路"奔跑"的中国厂商来说，当旧路线变成阻碍，就另辟蹊径，开出一条新路。

中国厂商的"守擂"与"打擂"

中国厂商集体决战 OLED 的原因是复杂的，背后既有主动出击的选择，也有被动防守的无奈。

以"守擂"来说，从 2023 年至今，以 LCD 为代表的 TV 类产品中大尺寸电视面板价格仍在底部徘徊。

群智咨询最新研究显示，由于 2023 年年末中国"双 11"以及北美"黑色星期五"促销期销量均呈负增长，终端销售的疲软进一步传导到整机厂商，叠加渠道库存增加影响，品牌面板采购趋于更加谨慎保守的策略。

电视机终端需求不振，面板厂商不得不启动减产措施，以遏制电视面板的跌价幅度。即面板厂商通过调整产线稼动率，人为干预市场供给，扭转目前供大于求的局面，实现供求关系的短暂平衡。

　　经过连续 3 年的市场需求"磨底"，对于显示面板产业而言，2024 年市场将迎来拐点已成为初步共识，尤其是 2024 年下半年将密集举办的大型体育赛事，有望加快驱动电视市场的需求回升。

　　但不少从业者担心需求回暖将刺激显示面板价格快速上涨，而上游快速上涨的价格极有可能对下游的需求复苏造成冲击，所以面板厂商在供给上的方针，已从过去的"以量为王"转化成"以质为先"，面板厂商正在更加务实地"按需定产"。

　　而在此之前，中国面板厂商们为了应对周期，推出了新型显示 Mini LED 技术的产品，包括 TCL、海信、创维、小米、华为等企业，都针对 Mini LED 推出了主打的旗舰产品。

　　据奥维云网 2023 年电视销量数据报告显示，近 2 年来电视行业整体表现低迷（见图 1-5），但是 Mini LED 却迎来了逆势回暖。Mini LED 电视销量同比 2022 年上涨了近 4 倍，市场占有率是同属于高端阵营的 OLED 电视的近 8 倍。

中国电视需求步步下落，市场规模进入下滑通道　AVC 奥维云网

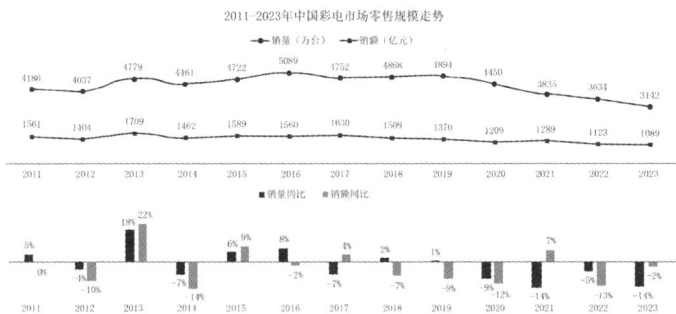

图 1-5　2011—2023 年中国彩电市场零售规模走势

　　而根据显示器供应链咨询公司 DSCC 的最新数据显示，截至 2023 年第三季度，三星电子在全球 Mini LED 电视市场的占有率仅为 39%，排名第二和第三的是中国企业海信（27%）和 TCL（26%）。

　　这意味着，中国厂商在 Mini LED 全球电视市场的份额已经远超韩国。

　　然而，尽管 Mini LED 电视逐渐进入市场并取得成功，但仍然面临一些挑战。在高端电视市场中，Mini LED TV 出货量虽然同比增长了 26%，达到 90.5 万台，但仍落后于 OLED TV 的 136 万台。

　　所以，无论是在 LCD 的 TV 类产品领域，还是 Mini LED 的高端电视领域，OLED 都成了不得不补齐的一块短板。

　　而从"打擂"的角度上来说，在众多新型显示技术中，OLED 已成为中流砥柱，产业规模持续提升。

一个可以肯定的趋势是，OLED正逐步向IT、车载、平板显示等中尺寸应用市场渗透（见图1-6）。

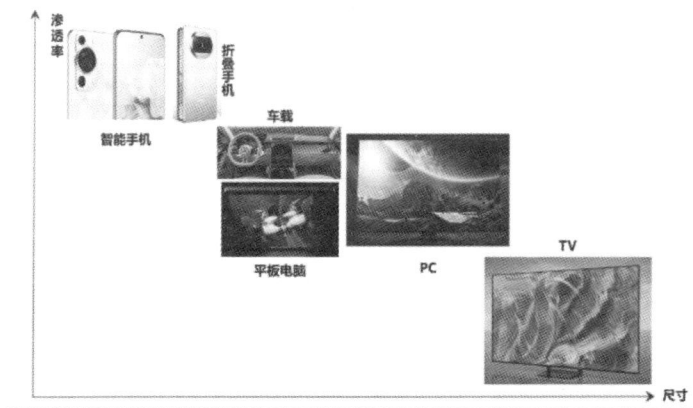

图1-6 OLED在显示市场主要应用和渗透率趋势（按尺寸）

一个特别的例子是折叠手机。2019年至今，除了苹果外的主要手机厂家都推出了OLED折叠屏手机。2023年，折叠手机的出货量比2022年增长37%，未来几年将会继续保持这样的增速。

除了折叠手机之外，另一个高速增长领域就是新发展的中尺寸OLED显示领域。继华为2023年9月发布业界首款柔性OLED平板电脑后，苹果有望将OLED屏用于2024年的新款平板电脑和未来的笔记本电脑上。奥迪汽车计划在2027年到2030年使用270万片OLED车载显示屏……

研究机构Omida预计，到2028年，OLED全球出货量将突破10亿片，产值突破550亿美元，未来5年年均复合增长率接近7%。

有业内人士表示，中国面板厂商此时实现 OLED 的技术突破和率先量产，旨在抢走苹果等企业的部分订单，提高中国 IT OLED 的市场份额。

谁会成为最大的变量？

目前主流厂商都瞄准了中尺寸 OLED 这块蛋糕，OLED 市场也"未跑先卷"。

2023 年 4 月，三星宣布投资 4.1 万亿韩元（约 220 亿元人民币）升级生产线，该产线产品用于平板、笔记本电脑和其他 IT 设备的 OLED 面板，计划于 2026 年量产，届时将成为全球首条 8.6 代用于 IT 设备的 OLED 产线。

同年 11 月，京东方公告指出，拟在四川成都投资建设 8.6 代 AMOLED 生产线项目，预计项目总投资 630 亿元，主要生产笔记本电脑、平板电脑等高端触控显示屏。

TCL 科技集团、TCL 华星首席技术官闫晓林在 2023TCL 华星全球显示生态大会上透露，2023 年 3 月，日本 OLED 显示器制造商 JOLED 申请破产保护，TCL 华星抓住机会，把先进的技术和生产工艺从日本转移到国内，并在武汉部署了印刷 OLED 产线，预计在 2024 年下半年开始量产印刷 OLED，率先应用于 IT 显示领域。

为了提升 OLED 竞争力，LGD 也正在考虑重金投资 8.X 代 OLED 产线，以生产供苹果等品牌的 IT 产品所用的 OLED 面板。据业内人士分析，LGD 有可能在 2024 年公布其 8.X 代 OLED 产线的投资计划。

实际上，多年来，企业不敢轻易涉足中大尺寸 OLED 显示领域，主要是因为 8 代以上 OLED 技术路线的不确定性进而导致投资选择的失败。

谁都不想投入巨资后发现，建成的新产线是落后的工艺选择。

目前，除了传统的主流方式蒸镀技术之外，以维信诺为代表的无 FMM 光刻技术路线和以 TCL 科技为代表的喷墨印刷 OLED 成为业内关注的热点。

但也并不意味着这两条路能一帆风顺。

无 FMM 光刻 OLED 属于新兴技术，目前还未有产线投入量产。在量产实现过程中，对生产效率、设备成本、良品率提升、材料体系探索等方面还有待进一步观察。

而印刷 OLED 工艺虽然比传统蒸镀工艺先进，但量产的挑战一点也不小——在基板上沉积有机材料时如何确保均匀性、兼容性和稳定性。事实上，三星、LG、京东方也在研发印刷 OLED，京东方这几年陆续发布过一些印刷 OLED 样机。

如果 TCL 华星能打通印刷 OLED 工艺路线，就有机会在电视市场和中尺寸市场与韩国厂商进行差异化竞争，形成优势。

从行业角度来看，蒸镀、无 FMM 光刻和印刷都各有优缺点，关键是企业要做出自己的战略选择并引领上下游通力合作，打通科研成果的"最后一公里"。日韩企业已经做到了，中国厂商谁能做到，值得期待。

北交所：金融之翼

如果把在各自赛道奔跑的"专精特新"企业比作运动员，为了更好地服务他们，一声助威呐喊，一瓶矿泉水，抑或是一双舒适的跑鞋，都不如为之打造一对金融之翼。

尽管我们都知道金融如水，善利万物，但是相比发展成熟、实力雄厚的大企业，规模较小的"专精特新"企业由于有着轻资产、高风险、高投入等特征，仍然普遍存在融资难、融资贵的问题。

当然，近些年来我国针对"专精特新"企业的金融服务体系已经在逐步架构。诸如注册制改革试点和推广、深化新三板（全国中小企业股份转让系统）改革、设立北交所等举措，本质上就是尝试以多层次的资本市场服务，为中小企业插上金融之翼，把其"扶上马，送一程"。

在这个过程中，2011 年 11 月 14 日北交所的设立是一个历史性事件。北交所的定位就是做服务创新型中小企业的主阵地，特别是从融资角度为"专精特新"企业注入动能。它的诞生是政策层面积极提升金融市场与创新型中小企业契合度的体现，"专精特新"中小企业自此有了新的直接融资通道。

在首批上市的81家企业中，有16家是专精特新"小巨人"企业，大约55%的企业属于"专精特新"企业。而且，对于有意从新三板转板到北交所的专精特新"小巨人"企业，北交所还会对其进行专门辅导，以及优化上市流程的政策。足见北交所重点支持先进制造业，推动传统产业转型升级的初衷。

那么，北交所的"门槛"是怎样的呢？总体上，北交所"平移"了新三板精选层的各项基础制度，坚持上市公司在创新层公司中产生。也就是说，发行人应当是在新三板连续挂牌满 12 个月的创新层挂牌公司。

到了 2023 年上半年，北交所已从平稳开市运行迈向规模和功能提升的关键时期，取得的成果大大超出预期。

在 200 家上市公司中，中小企业占比 83%，民营企业占比88%，近八成企业属于战略性新兴产业、先进制造业。

上市公司平均研发强度为 4.63%，约为规模以上企业平均水平的 3 倍；2022 年全年新增专利超 2600 项。

已有 84 家公司入选国家级专精特新"小巨人"企业名录，占市场总数的 42%，超过八成公司入选省市级专精特新企业名录。

200 家上市公司 2022 年平均研发支出共计 3556.26 万元，同比增长 21.26%，其中七成公司研发投入同比增长，10 家公司研发支出超 1 亿元。

虽然与沪深两市相比，北交所上市公司规模偏小且多数处于成长期，却形成了高端装备，科技、媒体和通信（TMT），医药，化工材料，新消费五大新兴产业集群。可以想象，这些技术密集型产业也是资本密集型产业，在北交所上市以后，直接融资的灵活性、包容性、成本低等特点就凸显了，它们有望获取更为便利、稳定、规范和充沛的资金支持。此外，上市对于规范公司财务管理，提高研发投入，增强收益能力乃至扩大生产规模的好处也是显而易见的。

数年之后，复盘得失，与其把北交所当成一个机构，不如将在此的证券交易视为一次金融实践，它代表了中国政府正在构建一套贴合中小企业特点的金融服务制度，为中小企业提供多元化的融资品种、融资方式、市场化的激励机制。在这个意义上，在北交所上市也是中小企业的一次"成人礼"，它们将因此跨入新的发展阶段。

事实上，构建新发展格局、推动高质量发展绝非朝夕之功。支持中小企业科技创新也不能止步于间歇性的行政命令。就资本市场而言，除了畅通市场融资渠道、加强直接融资支持，还应该拓宽覆盖面和提升精准度，如为"专精特新"企业建立直接融资绿色通道，助推区域性股权市场强化专精特新属性，鼓励各项基金和社会资本加大对"专精特新"企业的投资力度等，最终推动形成多层次的"专精特新"企业融资支持体系。

"火车跑得快，也靠车头带"

"专精特新"企业在细分市场各领风骚，它们充当的角色大多是为产业链中的大型企业提供零部件、元器件和配套服务。在产业升级的时代背景下，大中小企业的协同发展是中国这座"世界工厂"得以高效运转的基本要求。

这一点在当前的数字化转型中尤为重要。数字化转型对制造业中小企业的发展而言，已不是"选择题"，而是关乎生存和长远发展的"必修课"。必修课的效果如何，取决于"带队导师"的态度和方法。平台型企业开放算法算力、应用场景，共享生产要素，降低数字化门槛，为广大中小企业搭建数字化生态的例子已屡见不鲜——字节跳动旗下火山引擎发布"火种计划"，开放人工智能（AI）平台，扶持上千家小微企业数字化转型；京东的工业品"智能供应链决策体系"构建供应链服务网络，通过成本、库存、账期等多维度数据为生态链上的企业定制解决方案；国家电网基于电网基础设施建立工业互联网平台，为中小企业提供降碳生产方案……

卡奥斯（COSMOPlat）：数字化"一哥"

谈到企业数字化改造平台，能比肩美国通用电气和德国西门子的全球三大工业互联网平台之一的海尔卡奥斯可谓是大名鼎鼎。

海尔是中国最早探索数字化的企业之一，多年来在产业转型中沉淀了一套独有的智能制造体系卡奥斯。卡奥斯原本服务于众多工业企业，但在新冠疫情期间的表现让人眼前一亮：耗时 2 天，开发上线疫情医疗物资信息共享资源汇聚平台；48 小时内，在山西上线该省首条全自动医用口罩生产线。

自 2017 年上线以来，卡奥斯在企业数字化改造方面已涌现出许多成功案例。

威海康派斯房车借助卡奥斯完成生产线改造后，产品平均生产周期从原来的 35 天降至 20 天，房车单价从 26 万元提高到 42 万元，溢价 62%，成本下降了 7.3%，而订单却提升了 62%。

淄博纽氏达特多年来深耕机器人减速器等核心零部件的研发制造，卡奥斯为其打造了具备设备管理、远程运维、数据分析等能力的工业机器人智能云平台，使其整体利润率从 20% 提高到40%。

卡奥斯不仅赋能企业，还能为城市量身定制服务。2021年7月，"工赋青岛"平台上线，卡奥斯携手青岛市以工业互联网带动城市数字化转型。该平台打通了24个政府部门，为居民和企业提供1196项公共服务和1.5万个赋能应用，同时链接青岛27个垂直行业平台和3个工业互联网示范园区。截至2022年年底，卡奥斯已赋能青岛企业4500多家，新增工业产值超过300亿元。此后，"工赋模式"在安徽芜湖、四川德阳等多地复制。

目前，卡奥斯的服务覆盖建筑、陶瓷、房车、农业等数十个行业，在 20 多个国家落地，还被工信部评为中国十大工业互联网平台之首。

金蝶：打通信息孤岛，消除数据烟囱

金蝶星域工业互联网平台（简称金蝶）是企业数字管理系统的老牌服务商。近年来，它对于处理"专精特新"企业数字化过程中的复杂业务流程，也有了较为深入的实践探索。

据了解，至2023年6月，金蝶已经连接超过126万台工业设备，沉淀了超过11万个工业模型，打造了17123个工业 App。在全国1.2万家国家级专精特新"小巨人"企业中，43%的企业选择金蝶进行数字化转型。

从一些企业案例中，我们看到金蝶是比较擅长从企业内部业务流程处理中提高组织协同效率的。

国家级专精特新"小巨人"企业汇中仪表股份有限公司，通过金蝶云·星空（PLM+ERP+MES）一体化平台，打通企业数据壁垒，实现了销售、研发、采购、生产、服务各业务环节的高效协作。其中，研发工程师重复工作环节的削减，使研发效率提升35%；由于采用了物料标准化和物料优选流程，库存周转率提高17%。

江阴江化微电子材料股份有限公司（简称江化微）是目前国内生产规模大、品种齐全、配套性强的湿电子化学品专业服务提供商，也是一家国家级专精特新"小巨人"企业。

利用金蝶云·星空构建统一的会计核算平台，江化微实现了业务模块与财务模块流程的自动流转，使得业务部门及财务部门对接工作效率提高 50%；系统成本达到精细核算，业务数据自动生成凭证，财务结账时间由原来的 15 天减少到 5 天。

正如金蝶国际软件集团总裁章勇所说，做大做强数字经济，就要加快"专精特新"企业的数字化转型，打通信息孤岛，消除数据烟囱，为更广泛的互联互通打下良好的基础。

金蝶作为行业实践者，还与友商一道成立行业数字化转型委员会，发布《专精特新企业数字化转型白皮书》，通过开展"亿元补贴"专项行动等形式推动企业数字化转型，并拟在全国建100 个"数字化转型创新中心"，100 家"示范基地"，为 100家专精特新"小巨人"企业持续做一对一专项辅导。

微众银行：数字化金融

有的平台型企业直接参与企业数字化的进程中，有的平台则依靠自身的数字化服务间接加速这一进程。

一直以来，中小型科创企业的资金供给不足已是行业痼疾。科创企业的核心资产主要是人才和研发投入等难以定价的无形资产，以致满足科创企业的金融需求，成了各大金融机构难以突破的痛点。

然而，微众银行却亮出了一组耀眼的数据：截至 2023 年 6 月末，微业贷已辐射 30 个省、自治区、直辖市，累计超 410 万家小微市场主体申请，累计授信金额超 1.3 万亿元。值得一提的是，年营业收入在 1000 万元以下企业占客户总数超 70%，超 50% 的授信企业客户系企业征信白户。

不唯"规模以下企业"，连征信白户都不必拒之门外——微众银行凭什么化解了科创企业的金融服务难题？

一切始于 2019 年下半年，国家鼓励金融支持科技创新，微众在理顺业务逻辑后，于 2020 年正式上线了微业贷科创贷款（简称科创贷），科创贷具有差异化、额度更高、线上无抵押等特点。经过 2 年多的发展，科创贷在全国科创型小微企业的覆盖率已超 10%。在驻地深圳，每 2.5 家国家高新技术企业就有 1 家选择微众银行。

微众银行业务突破的取得，秘诀有二：其一是数据，微众与政府机构合作，将政府部门沉淀的数据资产，如人才信息、知识产权、交易数据等多维度数据应用在企业的评估模型中，从而更有前瞻性地评估企业的发展潜力；其二是科技，微众拥有强大的技术研发队伍，形成了行业领先的风险评估体系，能够利用过往积累的数 10 万小微客户数据所喂养的模型，提高对科创小微企业金融服务的风险把控能力。

仰赖对大数据风控能力的自信，微众银行转而将触角延伸至股权领域，引入创投、知识产权等特色数据，将其融合成更为全面的数据库，并与创投机构开展合作，推出数字创投服务。

微众银行企业金融负责人袁伟佳认为数字创投是一种"双向

赋能"：微众银行可以向投资机构输出优质企业，通过平台和产品辅助投资人评估项目；投资机构所投企业也可以获得微众银行的贷款支持以及其他资源赋能。如此，"让投资更科学，让融资更高效"，也暗合了经济学家罗伯特·希勒教授的"金融促进社会民主化"的观点。科技金融做到了让社会资源摘下有色眼镜，得以更平等地流向经济生活的参与者，而不是向少数特权部门倾斜。

基于算法模型和数字资产的优势，微众银行的业务延展还有很大的想象空间。比如引入合作伙伴，为企业提供知识产权全周期管理服务；通过对国家相关政策的条分缕析，为企业提供政策咨询、补贴代办、资质申请等服务；利用自主的数字化营销能力，为企业提供品牌宣传服务等。

当然，微众银行在服务中小企业之时，也在不断沉淀数据、经验和品牌力。两者是价值交换，并非单方面的赋能。我们乐见科创企业的人才和研发投入的价值通过"数字沙箱"获得金融机构的认可，它们不再受制于缺乏抵押物而出现"金融饥渴症"。我们也希望这些平台型金融机构能够在创新的路上遇见更多风景。

总的来说，企业的数字化是产业升级的重要环节，独行者或许能维持一时的速度，但只有从产业协同中找寻自身的价值，才能真正理解自身的定位，提高分工的效率，完成企业的使命。

如果把产业转型比作一列开赴远方的疾驰的火车，大型企业就是火车头，哪怕火车已经进化到动车组，每家中小企业也已经有足够的内驱力，头部企业在产业链中的引导作用仍然无可取代。它作为龙头纽带，把知识、人才、投资集中起来，而行业内部的中小企业则是卫星群，两类企业共同推动产业链向上攀升，形成一套互相成就的协同体系。平台型企业的作用更为特殊，它承载着数据汇集、信息交换、产品服务交易和价值共创的功能，当它在各行各业呈现规模化应用时，就能够发展成为产业链的"新链主"，塑造乃至改变一个国家产业升级进程的整体风貌。

案例

中国制造业未来的核心竞争力

曾航／文

"如果有机会，我一定再来你们工厂看一看。"

2008年全球金融危机，正值外贸企业最困难的时期，我来到当时世界上最大的吸管工厂——义乌双童吸管，这是一家人们常说的隐形冠军企业。

双童的老板楼仲平跟我算过一笔账：在一根吸管上，原料成本约占50%，劳动力成本占15%～20%，设备折旧等费用在15%左右，其他开支约占5%，剩下10%的利润（见图1-7）。也就是说，按一根吸管平均售价约8厘计，平均每卖出100根吸管，双童才可以赚到8分钱。

生产饮用吸管的原材料是聚丙烯，这是一种由石油提炼而成的热塑性树脂，价格和国际原油价格挂钩。在2008年原油价格暴涨的背景下，这家公司几乎用尽了一切挤牙膏式的办法帮工厂节省成本。

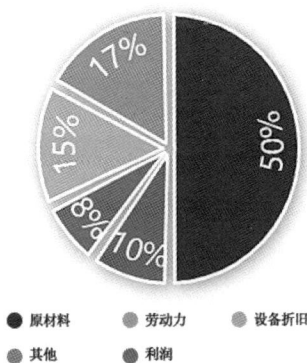

50%
17%
15%
8%
10%

● 原材料　　● 劳动力　　● 设备折旧
● 其他　　● 利润

图 1-7　一根吸管的成本

楼仲平在生产设备上安装余热采集系统来回收热能给各个车间供暖，每年能节省 20 多万元的电费；这些余热同时向员工提供可 24 小时洗澡的热水，每年节省支出 10 多万元；厕所里冲马桶的水是员工洗衣用过的，厂区清洁及绿化用水是收集的雨水，这两项每年可节省 20 多万元的水费。这些"蚊子腿"林林总总地加起来，总计为工厂节省了 8%～10% 的生产开支，双童借此才扛过了那一轮原材料的价格上涨。

你看，吸管这种生意的利润，真的是从每一分每一厘里面抠出来的，任何一个变量来了，企业可能就赚不到钱。

我想，这就是中国的制造业企业所必须面临的宿命。这是全球化竞争的时代，若没有竞争力，哪怕你比客户贵 1%，客户就会去越南，去印度，你就会被淘汰。

这些年来，楼仲平带领企业不断迭代，他不停迭代企业的精细化管理法，这几年他又在琢磨怎么把制造业和信息化结合，企业每提高 1% 的效率，都增加了更多活下去的希望。

全球没有几个国家像中国一样，制造业和信息化同时很强，我们应该对中国制造有信心。

"跨组织协作"能带来什么？

以强势产业地位推动上下游企业间进行跨组织的数字化协作方面，最具代表性的公司就是苹果。

今天几乎所有人都知道苹果对供应链的强大控制力，但很少有人会提到，在 1998 年之前，苹果的供应链和整个生产制造的运营系统，都是业界出了名的混乱糟糕。即使史蒂夫·乔布斯（Steve Jobs）已经重回苹果，也没能真正解决供应链的运营管理问题，公司产品的库存周期甚至一度超过两个月，对公司造成的潜在损失高达 5 亿美元。

1997 年，一手建立了戴尔先进供应链体系的迈克尔·戴尔（MIchael Del），在被问到如果接管苹果会怎么做时回答记者："我会关闭公司，把钱还给股东。"

真正给苹果供应链带来根本改变的是时年 38 岁的蒂姆·库克（Tim Cook）和他所主导的一笔投资。

1998 年 3 月 11 日，库克正式加入苹果，担任苹果全球运营高级副总裁，基本年薪为 40 万美元，签约奖金为 50 万美元，职责是全面整顿苹果的制造和分销体系。在他的主导下，苹果先是关闭了所有的工厂，正式变成一家"轻公司"，将生产的重担交给了太平洋另一端的台资代工工厂集群。

　　紧接着，为了管控这个规模庞大的代工工厂集群，库克又力主投资了德国著名的思爱普软件公司中当时最先进的企业资源规划（ERP）系统，并很快利用这个系统，将苹果供应链上游的零件供应商、中游的代工组装厂，乃至下游零售商和各大渠道的IT系统直接打通，对整条供应链实现了全链条的数字化改造。

　　"传统的外包是指雇人完成生产计划，或者在很多情况下直接选用他方的产品，然后贴牌就行。但苹果的外包模式不是这样的。"当时负责供应和需求管理的是苹果公司现任零售业务高级副总裁的迪尔德丽·奥布莱恩，在她看来，这套基于数字化管理工具所建立的上下游协同体系，几乎重新定义了制造业。

　　今天人们所熟知的苹果供应链，几乎完全建立在这套先进的ERP系统之上。苹果挑选供应商和对供应商进行年审认证时，会委托第三方会计师事务所对工厂进行审计，而对ERP系统的审计，是整个认证流程中最核心的一环。在成为苹果供应链MFi认证厂家后，厂家要从苹果指定的供应商采购芯片等原材料，而所有物料的采购、流转、生产、良率、出厂等，都会被要求体现在ERP系统里，财务报表数据也要和ERP内的数据完全匹配（见图1-8）。

　　在苹果的重要声学供应商瑞声科技的生产线上，几乎所有的控制软件和电脑都是苹果公司的，ERP系统也由苹果控制。瑞声生产线的负责人经常会收到来自苹果的邮件，说某一条生产线的某一个地方有点问题，然后苹果会放开权限，让瑞声的生产线负

责人去现场查看。瑞声厂区内常年有 20 位以上直接来自苹果的
工程师轮流驻厂。

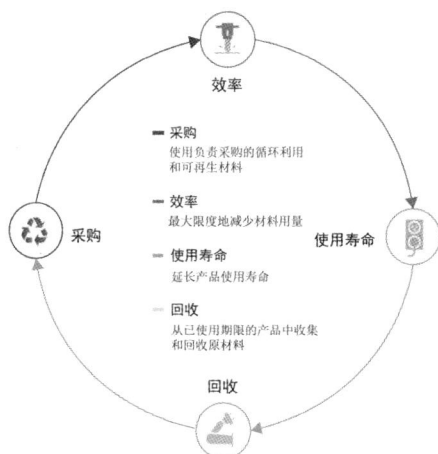

图 1-8：苹果供应链材料可循环标准
（图片来源：苹果官网）

　　这套连接了整条产业链的数字化协同工具，帮助苹果沉淀下
来了海量的数据。每天早上当库克打开电脑时，都能够通过一个
联网的资讯系统准确查询到苹果在世界各地的零部件供应商今天
的产量，甚至良品率。在这一系统中，苹果能有效地将库存降低
到零，从而节省出大量流动资金。

　　在这套系统上线之前的许多年间，苹果一直无法准确预测计
算机的市场需求，并为此付出了沉重的代价。1993年，苹果因
对 PowerBook 销量的乐观预期，导致库存积压，损失惨重。到了

1995年，苹果又严重低估了市场对下一代 Power Macs 的需求，导致产量严重不足，顾客不得不在付款后等待2个月才能拿到现货，造就了商业史上"最大的供应链灾难"之一，直接导致苹果跌入谷底，一度濒临破产。

而在这套数字化管理工具上线之后，从供应商的原材料供货情况（见图1-9），到代工厂的用工、排产、库存、质检，再到销售渠道所直接面对的价格和需求波动……整条产业链上的数据都被整合汇总到了苹果手里，大量数据被沉淀下来，变成了苹果进行市场预测的重要依据。库克领导的运营团队开始基于这些数据进行每周销售预测，并根据预测的具体情况以及零售渠道精确的库存统计，向外包工厂发出订购需求，并根据数据变化随时对产量进行微调。

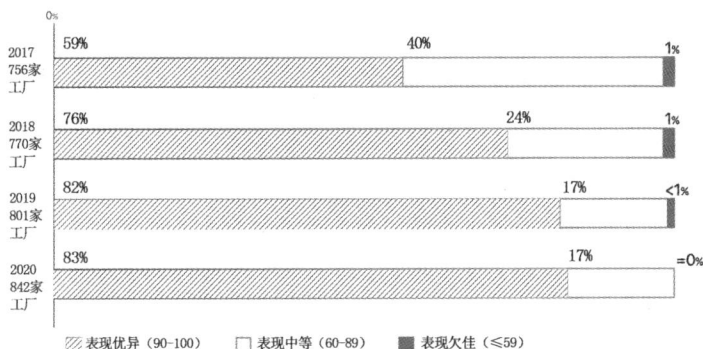

图1-9　苹果供应商表现情况分布
（图片来源：苹果官网）

今天全球的大型制造业企业，都在借鉴苹果这种自建系统实现产业链上下游数字化协同的方式，它通常出现在那些供应商和渠道网络十分复杂、由整机厂商在产业链中占据绝对主导地位的产业，如汽车产业。

中国作为世界上最大的工业国，拥有全球最大的制造业体系，自然也有自己的数字化协作服务的供应商。以钉钉为例，一汽-大众就推动了20多家零部件供应商接入了公司在钉钉上自建的简易版MES系统、供应商端过程质量监控系统和大众端预警信息可视化系统。并通过这些系统实现了关键数据的同步，以便掌控供应商生产中的风险环节、零部件生产信息和过程参数，保障了上游供应链的品质，实现了上下游的高效协作。

这些大型企业的实践案例代表了一个趋势：过去数字化管理大多局限于企业内部，但为了继续降低成本和大幅提升效率，未来的数字化将进一步朝着连通产业链的上下游方向，从企业内各部门的跨部门协作，逐渐走向企业和企业之间的跨组织协作，从而进一步提升整个产业体系的整体效率，实现生产力的飞跃。

"数字化协同"的平权与下放

大型企业推动产业链上下游的数字化协同，固然代表了一个不可逆转的趋势，但像苹果和一汽-大众这样的案例还是过于特殊，它要求企业在复杂产业链里占据绝对主导地位才有可能实现协同，而且财务成本和人力成本都极高。

据苹果财报数据，公司每年都有百亿美元的资本支出，其中

75% 以上用于精密设备和软件的购买，全部用于供给供应链企业。在富士康工厂 iPhone 的生产线上，有接近一半的设备和软件是由苹果公司提供的。

除此之外，制造环节中工程专案经理（EPM）、全球供应链经理（GSM）以及供应商质量工程师（SQE）等重要岗位，也由苹果派遣人员担任，对从零部件供应商、组装厂到销售渠道的全部数据，他们都能通过 ERP 系统进行实时监控。

然而在更多情况下，产业链上下游的企业之间都是相对平等的合作关系。从数量上看，中国 90% 以上的企业是中小企业，它们贡献了中国 80% 的城镇劳动就业岗位和 60% 的 GDP。它们缺钱、缺人，也没有大型企业的产业链控制力，但同样需要进行企业和企业之间的跨组织数字化协同。

据第四次全国经济普查数据，在 36.9 万家中小企业中，有34.8 万家来自制造业，占比 94.3%（见图 1-10）。这些企业有大量和双童吸管一样属于外贸领域的企业，有很多甚至是在世界上做到市占率排名第一的"隐形冠军"，但其本质依然是中小企业。

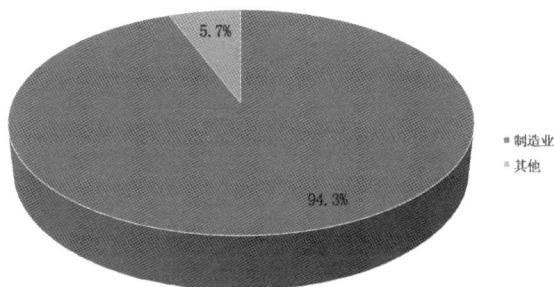

图1-10　第四次全国经济普查显示中小企业中的制造业占比

它们大多对成本的变动极为敏感，财务结构也往往不允许其对数字化升级投入太多资金，自身又缺乏IT技术能力，甚至在整个行业都很难找到既懂生产，又懂管理，还同时懂软件开发的人才。但这些企业却对产业链上下游的数字化协同有很强的需求。

换句话说就是，对成本更敏感的中小企业，在数字化协同方面更需要技术支持。

除了制造业以外，消费品行业、零售业、物业服务业等都存在大量类似情况。

泉州一家做冻干食品的企业"有零有食"也遇到了数字化协同上的难题——这家企业的物流运输环节涉及了多方参与者，不仅有本公司仓储物流部的工作人员，还包括了承运商、分公司以及客户。由于缺少专门的信息统筹平台，"有零有食"录入信息靠的是Excel表格，联络物流公司下单靠的是打电话。在这种模式下，企业几乎不可能做到对在途货物状态的精确跟进，也就导致了企业对服务质量和货物损耗可控性极低。

而到了销售端，零售业遇到的问题同样严重。以银泰百货为例，银泰百货的专柜运营背后是分别按照直营、代理、加盟等不同模式运营的上千家供应商，不同的供应商有着不同的供货率和周转率，商场的品牌管家平时靠"巡店"的方式来同步不同店铺的降价、补货、清货等操作，店铺的导购人员也需要和供应商协调补货、改价……各种信息经过不同层级的传递，往往需要几天乃至数周的时间才能落实。

从某种程度上讲，是否能为这些企业找到打通产业链的上下游信息壁垒，实现全产业链数字化协同的解决方案，关系着中国未来产业升级和经济发展的走向。我们想要保持中国经济的活力，就不能让产业链数字化协同变成独属于巨头的"特权"。

更符合中国产业特点的"数字化协同"

根据工信部数据，截至 2021 年年末，全国中小微企业数量有 4800 万家，占全部规模企业法人单位的 99.8%，资产占比 77.1%，营收占比 68.2%。它们构成了中国国民经济和社会发展的重要力量，却在利用数字化升级降本增效的过程中存在天然的弱势，几乎不可能通过复制苹果公司的模式来打通上下游的信息壁垒，实现跨组织的沟通协作。这意味着中国必须找到一种更加符合中国产业链的数字化协同方式。

在海外，承担了数字化协同功能的，大多是起源于计算机单机时代的一些工业软件厂商。而在中国，这部分需求则有相当一部分被大型互联网平台旗下催生出的协同软件承接了。

比如上文提到的"有零有食"，它在 2017 年创立时就开始寻求基于数据的精细运营，最终利用钉钉的低代码搭建了一套酷应用形态的服务商管理系统，基本解决了丢货、串货、收货无凭据等一系列问题，实现了运输信息的实时更新，并且基于沉淀下来的数据，将 20 多家物流承运商精简到了 5 家，单从运输管理系统的采购成本和运输成本的节约上，一年就能省上百万元。

银泰百货目前也在受益于这种上下游的协同，专柜的导购员在群内推荐潜在的爆品，当天通过群内机器人自动完成货品补货或改价，基本避免了品牌管家们靠巡店统一销售策略的原始方式，带来了 300 多万元成交金额的增量。

但更重要的一个变革，是以钉钉、飞书等为代表的软件，通过产品设计从底层颠覆了个体从组织中获取信息的逻辑。中国的软件产业经历了很长时间的探索，在 2022 年年末才逐渐开始成型。

简而言之，为了解决上述中小微企业占比高，产业集中度偏低，全产业链的生态丰富而繁杂的情况，中国厂商们探索出了一套"让需要的信息主动找你，而不是你从庞杂的信息中筛选需要的信息"的方式。

以群聊为例，作为许多中小企业进行跨组织协作的主要场景，传统群聊中有许多障碍阻碍了彼此之间的沟通效率。

首先，传统群聊最大的问题就是信息过载。在动辄"99+"

的群聊里向上翻聊天记录是很痛苦的，而形成这个局面的主要原因，就是传统群聊的设计架构是以人为核心的。交流的过程，只是信息的输入和输出，但没有信息的客观记录；所以想要获取信息，不遗漏信息，就需要主动去翻阅所有的聊天记录。这是一个人找信息，且追着信息跑的过程。

为了解决这个问题，各大厂商发明了很多的协同工具，如最常见的在线文档，将信息记录和汇总后，再公开发布，来帮助用户实现信息的筛选和固定，让人不再追在信息后面。群聊里的分享群文件、发布群公告等功能都是基于这个逻辑。

而如果再进一步，过去在群聊里获取了信息之后，还要切换到其他的办公软件中，把相应数据填写到另一个软件系统中，同样是对时间与精力的浪费。所以现在各大厂商都在试图将各类业务系统直接接入群聊，把群聊做成一个平台性的工具，如配货、调货、财务审批、跨组织的报销、仓储物流的确认等功能组件，都可以集成在上面，通过群聊就可以直接调用，并将数据导入业务系统，这就不仅将信息固定了下来，还可以根据信息去找相应的负责人解决问题。

但这样就带来了第二个问题，办公协同工具通常都有固定的权限限制，这是为了保障企业数据的安全性。在传统的群聊里，即使组件可以分享到群内，也无法实现权限的一键打通，只能看不能用，有时甚至连看都看不到，那么分享也就没了意义。

所以想要实现这样的功能，还要进一步解决协同工具的跨组织权限问题。

按照钉钉的逻辑，当人们在一个群内，软件就默认这是要共同做一件事的一群人，这个群就完全可以自成"组织"，直接打破了原有的组织边界，也就解决了权限问题。

以往人们之所以划分组织边界，一个核心的原因就是为了保证信息的安全，而在打通权限之后，则主要通过加强身份的认证来确保内部数据的安全性。这是个很有意思的思路，在中国以中小企业为主力的产业环境之下，相比海外软件厂商强调的"控制""统一"，中小企业在通过厂商进行产业协同服务的过程中，显然更倾向于强调"合作"与"互信"。

同时，以群聊这种更容易被人们所接受的场景来作为产业协同的载体，再加上推行低代码开发之后极低的技术成本，进一步将产业链整体数字化升级的成本降到了一个相当合理的程度。从这个角度来说，这无疑是目前更适合中国产业链的数字化协同探索。

"跨组织协作"的能力，是可以沉淀的宝藏

实际上，这种"跨组织协作"的能力，不仅可以帮助企业解决当下的问题，它还是一种"Know how"，是一种可以积累沉淀、复用信息的能力。能体现这种跨组织协作魅力的一个突出案例，是亚运会组委会在杭州第19届亚运会期间的做法。在亚运会相关工作中，仅场馆支持一项工作组委会就需要向87支场馆团队收集人员计划、物资计划等信息并进行审核统筹把关。由于这些

团队的成员经常发生变化，不免增加了组委会的工作量。

　　为此，组委会给每个场馆团队都创建了专题库，并规范了各类模板，沉淀了 3000 多份文档、1000 多份表格、45 份思维导图。这些信息和经验沉淀，不仅能为本次亚运会筹办提供支撑，还将成为今后中国举办大型赛事时的一笔宝贵财富。

　　杭州亚运会筹办涉及 52 个业务领域、数以千计的工作团队，需要依托上百套信息系统开展筹办工作，但这些来自不同供应商的系统，却跨越了不同的账号体系、技术标准、运行环境，实现了跨环境、跨组织的协作，可谓一项创举。这意味着中国的互联网公司和产业界，在探索产业数字化协同的过程中，走出了坚实的一步。

　　中国有世界上最全的工业门类和最完整的产业链结构，制造业基础位居世界第一，而且有着很高的 4G/5G 网络普及率，以及良好的信息基础设施，加上过去这些年人们对数字化的接受度越来越高，形成了中国独有的信息化发展优势。在此基础上进行的工业化和数字化的结合，在未来的国际竞争中，都将成为中国独有的优势。

案例

20 年"甲醇梦"

厉陈静 / 文

在"双碳"（碳达峰、碳中和）目标的推动下，新能源汽车在市场上的渗透率越来越高。截至 2023 年年底，新能源乘用车渗透率已经突破 35%，各大车企的竞争处于白热化阶段，虽然有些新能源乘用车企业的增长速度已经放缓甚至下降，但新能源商用车的渗透率目前仍徘徊在 11%，尚处于蓝海市场阶段。

一直以来，商用车都是我国碳排放量的大户。商用车虽然保有量较少，却消耗了超过一半的车用汽、柴油，其二氧化碳排放量占全部汽车二氧化碳总排放量的 56%，产生了全部汽车 80% 的颗粒物污染排放量。

因此，商用车新能源化逐步成为各大车企的共识。众多传统车企及新势力车企纷纷涌入新能源商用车赛道并成立新能源商用车品牌，短时间内就有十几家新能源商用车企业获得融资。其中，吉利控股集团（简称吉利）于 2014 年布局新能源商用车业务，旗下新能源商用车品牌远程在 2022 年获得超 3 亿美元融资，2023 年获得 6 亿美元融资，旗下公司醇氢科技在 2024 年获得 1 亿美元融资。

空白的新能源商用车市场

在民营企业家中，李书福算是"胆子大"的代表人物。

1997 年，吉利从制造冰箱、摩托车转型进入汽车行业，李书福曾慷慨陈词，"请允许民营企业大胆尝试，允许民营企业家做轿车梦"。经过无数次的奋斗与等待，李书福拿到汽车"准生证"，成为中国第一个造汽车的民营企业家。

在李书福的带领下，吉利持续发展壮大，目前吉利控股集团旗下已经拥有乘用车吉利、领克、极氪、smart、宝腾、沃尔沃、极星、路特斯、LEVC、雷达、极越等品牌，新能源商用车远程等品牌。以汽车产业电动智能化转型为核心，吉利在新能源科技、三电技术、人机交互、智能驾驶、车载芯片、低轨卫星等前沿技术领域，不断打造科技护城河，做强科技生态圈，并持续探索通过绿色甲醇来破解世界能源和"双碳"难题。

在布局新能源商用车业务方面，李书福同样是"第一个吃螃蟹的人"。

时间回溯至 2013 年，吉利控股集团全资收购英国锰铜公司（现为 LEVC），并开始瞄准吉利英国工厂研发符合 2018 年英国城市排放环保法规的新一代商用车技术。这时候的中国新能源商用车市场仍是一片空白。根据中国汽车工业协会数据显示，2014 年销售的 74763 辆新能源汽车中，轿车占比 71%，客车占 27%，货车和其他乘用车仅占 2%（见图 1-11）。

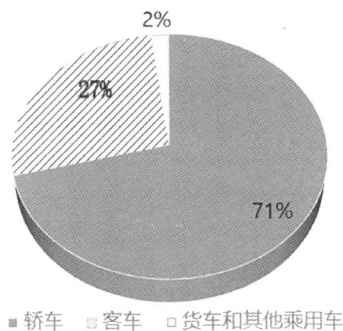

图 1-11　2014 年销售的新能源汽车销量占比

正是基于对汽车产业的深刻思考和对未来发展趋势的分析把握，2014 年，李书福开始在国内进行商用车产业化投资，并基于在乘用车领域耕耘多年形成的科技生态、产业链及体系化优势，整合全球资源，筹建远程新能源商用车集团。

吉利于 2016 年推出国内首个专注于新能源领域的商用车品牌远程，2020 年完成对汉马科技的前身华菱星马汽车公司的投资控股，2021 年正式宣布收购山东唐骏欧铃汽车制造有限公司。

独辟蹊径　勇闯无人区

作为中国首个聚焦新能源领域的商用车集团，远程新能源商用车集团依托吉利在汽车领域的深厚积累，建立了国内最大的新能源商用车研究院，专注于商用车新能源和智能化技术开发，形成了多能源并举的技术路线。

当不少商用车企业还在犹豫不决时，远程新能源商用车集团在创立伊始就选择了一条技术多元化发展的道路，坚持"电动＋醇氢"的技术路径，让集团旗下远程醇氢等在众多新能源领域创新型企业中，跻身成为行业领军品牌。

放眼全球市场，新能源汽车技术以电动为主流路线。在这一路线上，吉利集团成立了智芯科技有限公司，采用全栈自研（由车企自主进行研发，而非与供应商进行合作）方式，打造更加适合商用车需求场景的三电核心技术，并通过"高集成域控＋大数据云控"等数字化手段，实现动力与补能生态的全面打通。

正是在科技远程和生态远程的全面赋能下，远程新能源商用车集团成为行业内唯一一家连续三年市占率翻番、产品市占率超20%的企业。

从汽车的新能源路线实践来说，越来越多的行业专家、学者等认同新能源发展光靠纯电一条路线是走不远的。所以在当下的新能源汽车市场，越来越多的车企开始探索新技术路线。而吉利控股集团从能源安全、绿色低碳、创新引领出发，自2005年起一直致力于绿色甲醇全产业链的探索研究和产业布局。

历史总是惊人的相似，当年李书福造汽车就备受质疑，这次研究甲醇也几乎没有人支持他。

李书福坦言，早在十七八年前，他就在思考中国的能源依赖进口比例太高了。吉利一直在努力通过自身的科技探索实现绿色能源，为中国的能源安全和"双碳"目标的实现，提供一条新的路径。

在开展试点的基础上，2019年，发改委、工信部、生态环境部等八部委专门发文推广甲醇汽车，推广绿色交通、发展甲醇经济进入了新阶段。

秉持"用绿色甲醇破解世界能源和双碳难题"信念，吉利在甲醇能源制备、甲醇能源输配送体系、甲醇车辆应用等方面进行了近20年的探索，已投入运营超3万辆甲醇汽车，累计行驶里程近200亿公里，并积极投入绿色低碳甲醇制备，甲醇产业布局全球领先。吉利不仅突破了甲醇汽车的技术瓶颈，还建立了较为完整的零部件配套体系，实现了从小批量试点运行到大规模推广应用的跨越。杭州第19届亚运会开幕式主火炬燃料绿色甲醇就是由吉利控股集团生产制备和提供技术解决方案（见图1-12），并由吉利远程甲醇动力重卡提供运输保障。

图1-12 零碳甲醇点燃亚运开幕式主火炬

一个产业的梦想

企业家之所以是企业家，是因为他能够将看似不可能的事情变成可能。

在最初决定研究甲醇的时候，李书福也不知道这个产业最终能不能实现，但他始终坚信，这是一个方向。在这条路上，李书福伴随着质疑声孤独前行。

"孤独对一个人的成长是很有帮助的，我倒不怕孤独，只要能够认准方向，能够有可持续发展的内心支撑，越孤独越觉得前景广阔。"李书福认为，自身独辟蹊径，与众不同地发展，更加能激起斗志。

在深耕甲醇近20年的时间中，吉利没有任何先例可参考，只能耗费大量的人力和物力研究相关方案并将其落地。其中在商用车上的投入，累计已经超过40亿元。

40亿元对整个产业来说也许只是沧海一粟，但数字背后体现的是一家企业的社会责任感和担当，也撕开了一个产业的口子，促成了产业梦想的实现。接下来，要想形成规模化的甲醇经济生态链，需要全社会共同的努力。

得益于吉利在甲醇领域多年的技术积累，如今远程新能源商用车集团打造了极具特色的醇氢电动路线，也是目前国内唯一推出醇氢重卡、轻卡、小卡、客车的企业（见图1-13）。产品的经济性、适用性、可靠性得到了充分验证，技术成熟度及投放规模处于国际领先水平。

图1-13　吉利远程新能源商用车系列产品

　　远程新能源商用车集团布局醇氢科技领域，以醇氢电动为核心，通过醇、车、货、站、金融等一体化设计，构建多元化绿色甲醇运力生态，助力醇氢电动商用车快速推广应用。醇氢科技公司基于"1.2.3.3"生态战略，即以车辆推广为核心，围绕资本与产品市场的双轮驱动，促进绿醇制备、甲醇加注、醇电汽车三位一体协同发展，实现了能源开发绿色甲醇三步走。

　　作为改革开放的第一代创业者，李书福在30余年的时间里，带领吉利在中国民营实业中走出了一条自己的路，实现了自己最初的梦想。如今，李书福依然在追梦的道路上努力奔跑。他说："我现在的梦想是将太阳能、风能和再生循环能源充分利用起来，让太阳能和二氧化碳合成绿色甲醇，为国家的'双碳'目标和能源安全作出贡献。"

"专精特新"的未来坐标

自 2011 年工信部首次提出"专精特新"这个名词，到 10 年后的 2021 年 7 月，中共中央政治局会议首次提及"专精特新"战略，以及 2022 年"专精特新"首次被写入政府工作报告。"专精特新"已经从抽象到具象，形成了一个标准、一种名誉、一条路径、一种特质，拥有了丰富的内涵。

倘若要在世界范围内找到与之对应的概念，恐怕也只有德国的"隐形冠军"了。当然，后者的"年纪"要大许多，那是1995年由德国管理学家赫尔曼·西蒙（Hermann Simon）提出，用三句话给"隐形冠军"勾勒了轮廓：某一个细分市场的绝对领先者，以市场占有率衡量，它们是世界市场的老大或者老二；年销售额不超过10亿马克（2018年修改为20亿～50亿欧元）；鲜为大众所知。

据此标准，截至 2019 年，全球"隐形冠军"企业共计 2734 家，德国以 1307 家位居榜首，占总数的 47.8%；美国、日本分别以 366 家和 220 家位列第二、三位；中国以 92 家排在第四位。

在代表作《隐形冠军》一书中，西蒙教授为企业归纳了 7 条成长共性：燃烧的雄心、专注到偏执、自己攥紧客户、贴近卓越客户、非技术创新、靠近最强者、事必躬亲。

今天，当我们把"专精特新"与"隐形冠军"作比较，发现它们之间有何异同？

　　北京师范大学副教授赵向阳比较幽默，他调侃说，中国的专精特新"小巨人"企业，在综合实力上，距离德国的"隐形冠军"至少还差一个欧亚大陆。

　　赵教授显然夸张了，毕竟两者定位不同。中国的"小巨人"企业是全国中小企业梯度培育体系中的一部分，按照中国的"百十万千"专精特新中小企业梯度培育计划，目标是在2025年之前，培育100万家创新型中小企业、10万家"专精特新"企业、1万家国家级专精特新"小巨人"企业和1000家单项冠军企业。

　　不过，我们不妨从具体数据上做一个对比。

　　第一，科技研发水平。

　　在中国当前的专精特新"小巨人"企业中，超过五成的企业研发投入在1000万元以上，研发强度超过7%（中国规模以上工业企业的这一数值平均数是1.41%，民营企业1000强的平均数是2.57%）。

　　德国的"隐形冠军"研发强度一般在6%左右，研发投入的中位数在2000万欧元左右，投入规模远超中国"小巨人"企业。

　　第二，市场占有率。

　　工信部公布的专精特新"小巨人"企业申报条件是产品市场占有率在本省领先。而德国西蒙教授对"隐形冠军"的定义是"全球前三"，差距一目了然。根据蓝契斯特法则，市场占有率是企业在市场竞争中实力和"战斗力"的集中表现，在充分竞争的成熟市场，进入第一梯队的最低市场占有率是26.1%；

如果要在第一梯队站稳脚跟，获得绝对优势，市场占有率就要达到 41.7% 以上，并且至少领先第二位企业 1.7 倍（见表 1-1）。

表 1-1　蓝契斯特法则中的市场占有率

市场结构分类	分类标准（市场占有率）	注解
完全垄断型（Monopoly）	第一位企业占有率超过 73.9%	1.7 倍是指有效攻击距离。"1.7 倍制胜法则"适用于"多对多对决"情形。与"3 倍制胜法则"适用于"一对一对决"情形有所不同
优势垄断型（Premium）	第一位企业占有率超过 41.7%，并至少领先第二位企业 1.7 倍	
双头垄断型（Duopoly）	前两位企业占有率合计超过 73.9%，第一位企业与第二位企业之间的差距在 1.7 倍以内	
多头垄断型（Oligopoly）	前三位企业占有率超过 73.9%，第二位企业与第三位企业合计数超过第一位企业	
竞争垄断型（Polyopoly）	第一位企业占有率低于 26.1%，企业间差距均在 1.7 倍以内	

就这一标准而言，我国评定的单项冠军更接近"隐形冠军"的标准。至 2023 年 5 月，国家级层面认定了 1186 家单项冠军示范企业，九成以上的单项冠军示范企业国内市场占有率位居第一。

第三，国际化程度。

业界普遍认为，国际化是专精特新"小巨人"企业显而易见的短板。中国的中小企业主要扎根中国市场，很少涉足跨国经营，缺乏国际化思维。目前中国市场是占据全球市场份额 19% 的第一大市场，打个比方，纵然某家企业 100%"吃"下了中国市场，该行业在全球范围也还有 81% 的潜能未被开发。

德国的"隐形冠军"企业本身就是过度国际化的产物。西蒙教授定义的"隐形冠军"有"三大支柱"：第一是专注，第二是创新，第三就是国际化。"隐形冠军"企业在全球利基市场中的地位几乎无可撼动，有的甚至占据了全球 90% 以上的市场份额。

第四，企业发展年限。

中国的"小巨人"企业，超过六成属于工业基础领域，超过七成创业 10 年以上。

德国的"隐形冠军"企业创业年限则大多在 20 年以上。

虽然"小巨人"在中国已是资历较长的企业，但对比"隐形冠军"企业还是相形见绌。后者长期专注单一市场，在产品的技术含量、良品率和可靠性方面有更大的优势。

当然，科研投入、市场份额、国际化程度、发展年限等，都是既定的结果，并非"成其所是"的原因。在西蒙教授看来，德国"隐形冠军"企业的市场领导力来源于：对不确定性规避的文化；相关配套产业中龙头企业的高标准、严要求；有强大的欧美市场竞争对手的长期对打、陪练等。

以上三点都值得我们悉心审视，部分中国企业热衷一夜暴富的成功，甚少有"坐十年冷板凳"的决心和长期主义的坚持，这也是本书在开篇重点阐释长期主义的原因所在。至于龙头企业是否起到"链主"的作用，我们在平台型企业对中小企业的赋能一节已见一种正向的趋势。最后在竞争对手的陪练方面，在中国，这个产业变革最为激烈的试验场，从冰箱、空调、洗衣机，到电脑、手机、汽车……我们见证了无数优秀企业夺得"卷王"桂冠的传奇历程。

如今，我国已有 11.7 万家"专精特新"培育企业、5 万多家省级"专精特新"中小企业、12600 多家国家级专精特新"小巨人"企业、1186 家单项冠军示范企业，在 2023 年就提前并超额完成了"百十万千"计划中对应的大半目标。

但是，中国是一个拥有 4600 万家企业的大国，中国制造的光荣与梦想不在当下，而在更迷人的远方。

未来，中国制造要由大变强，专精特新"小巨人"企业也要由中国市场走向世界市场。这不意味着高调，毕竟"专精特新"企业多从事冷门行业，专注与低调是它们的一贯品性，在这一历程中，更应该沉下心、沉住气，并相信"一棵树越是高大，它的根就越是深入土地"。

西蒙教授曾言："无论最终结局有多么激动人心，从优秀到卓越的转变从来都不是一蹴而就的。在这一过程中，根本没有单一明确的行动、宏伟的计划、一劳永逸的创新，也绝对不存在侥幸的突破和从天而降的奇迹。"

案例

国产替代浪潮

曾航 / 文

在中国加入世贸组织后的那个飞速狂奔的年代，人们记住了马云、马化腾、王兴、王石、柳传志。然而，在房地产和互联网的财富巨浪背后，却没有多少人能够说出中国半导体行业涌现出来的知名企业家。

究其根源，半导体行业的沉寂和中国本身计算机工业基础比较薄弱有很大的关系。

2018年后的几年内，无数的热钱涌入半导体行业。这种"不正常"的繁荣皆源自"卡脖子"所带来的巨大不安全感（见图1-14）。

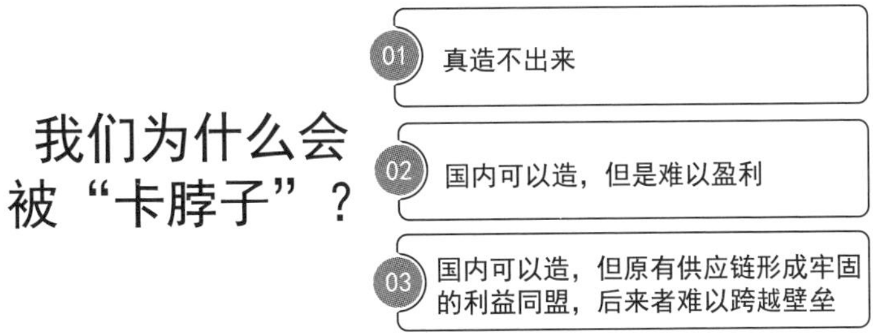

我们为什么会被"卡脖子"？

01　真造不出来

02　国内可以造，但是难以盈利

03　国内可以造，但原有供应链形成牢固的利益同盟，后来者难以跨越壁垒

图 1-14　国产替代的几种路径

从 2018 年开始，美国对以华为为首的一大批中国科技企业

实行了包括技术封锁、产品禁运等粗暴的"卡脖子"措施，中兴、华为等中国企业先后受到制裁，随后大量中国企业被列入了"实体清单"（美国为维护其国家安全利益设立的出口管制条例）。芯片领域的"卡脖子"危机，触发了中国全民大造芯片的热潮。

在国际上，那些强大的竞争对手，如英特尔、三星、高通等的领先地位看上去似乎不可撼动，这多少让人有些沮丧。中国生产的手机、电脑、汽车大量使用着进口的芯片，每年的进口总额高达 3000 亿美元，超过石油的进口总额。但事实是，这种差距也并非不可撼动。中国已经在成熟制程方面有了长足的进步，突破先进制程所需要的东西也已经足够明确：时间与金钱。

2014 年和 2019 年，两期国家集成电路产业投资基金先后成立，资金规模高达 3500 亿元。与此同时，各个地方政府成立了数十只集成电路投资基金，总规模高达几千亿元。就连一些财政并不宽裕的地方政府，也拿出巨资投入这场国产替代大潮。

芯片行业的火爆，昭示着"国产替代浪潮"最"繁荣"的时刻。但早在芯片热潮前，我国实际上早就开始了一场横跨多个领域、使用多种模式、实现不同目标的国产替代征途。

概括来说，国产替代的核心，是让中国获得设计、生产、销售、运营、维护某种产品的能力。最典型的几种国产替代路径包括以北斗系统为代表的军工航天模式、以高铁为代表的"超级买家"模式、以京东方为代表的"韩国模式"和近些年以供应链发育为核心的"苹果模式"。

中国制造业不断发展，生产出越来越多的高端产品。从"中国制造"变成"中国创造"，背后是一条中国逐渐在各个领域实现国产替代乃至超越的漫长征途。

最早进行国产替代的，是和国家安全息息相关的军工航天领域。

从20世纪90年代开始一直到2020年的这30年，是中国军工被封锁的30年，也是中国军工发展最快的30年。以苏-27战斗机的引进为例，20世纪90年代中国从俄罗斯引进苏-27战斗机生产线，并实现了完全的国产化，战斗机工业水平的提升非常明显。

军工航天模式用最简单直接的方式勾勒出了中国国产替代战略的思路：我们引进国外的装备和技术，绝不是一锤子的买卖，而是坚持长期主义的自我升级——引进—吸收—再消化，哪怕西方敞开大门让我们自由购买所有的武器装备，我们依旧会在吸收外国先进经验的基础上坚持自主研发。这种"引进—吸收—再消化"的路径，将会一次次在多个领域的国产替代中被看见。

将这条路径走出最大影响力的，是中国在高速铁路领域的国产替代。

当中国颁布"四纵四横"的高铁规划后，德国西门子、日本川崎等全球知名高铁列车生产商都兴奋起来了。但与此同时，为了避免重蹈"合资汽车"的覆辙，我们提出了一个极有高度的总体要求——"引进先进技术、联合设计生产、打造中国品牌"。

2004 年，在铁道部的安排下，全中国数 10 家铁路车辆生产厂商中，只允许外商和 6 家核心企业进行合作。一旦发现有这 6 家之外的中国企业接触外商，铁道部将立刻出手予以惩戒。铁道部还公布了"高铁大单"的"投标资质"：第一，必须是注册地在中国的厂商；第二，必须和中国企业签订了技术转让合同；第三，必须有 200 公里时速以上动车组列车的研制经验。除此之外，铁道部还专门设立了一个名为"技术转让实施评价"的评估机制，只要中国企业没掌握核心技术，那么就不算完成了技术转让，就不能参与高铁招标。

在巨大订单的诱惑下，川崎、西门子、庞巴迪等国际先进高铁制造厂商开始"倾囊相授"，最终使得合作的中国企业完整掌握了从设计到制造、维护高铁列车的全套技术。几年后，中国推出了"复兴号"中国标准高铁动车组列车，这标志着我们已经完全消化吸收了外国的先进经验，形成了一套独立自主的中国高铁标准。

除了上述两种模式，以京东方为代表的"韩国模式"也颇为值得注意，这是一种特别适合具有高确定性发展路径产业的发展模式。以面板行业来说，其发展具有较强的确定性——面板行业的投资遵循着产线升级的模式，从 1 代线向如今的 10 代线，面板尺寸越来越大，发展路径高度清晰。

之所以称为"韩国模式"，是因为韩国在半导体、面板等行业的发展就在明确的发展路径指引下，持续进行大规模投入，最终在这些重资产行业里取得了令人瞩目的成就。我国的京东方实际上也是遵循着这样的发展模式。

京东方从韩国收购了现代集团的液晶生产线之后，先后投入近1000亿元进行自主研发、自建产线，这背后有北京、合肥、重庆等城市地方政府的参与。到2021年，京东方的液晶面板产业已经可以与韩国的三星、LG相抗衡。京东方的成功，证明韩国模式在中国具有一定的可复制性，尤其适合半导体、液晶面板、太阳能、电动汽车、动力电池等重资产投资且高度可预测的高科技产业。

最近十几年，随着消费电子行业的兴起，一种更具整体效益的国产替代路径也逐渐显现了出来。这种新的路径的出现，意味着中国民间资本参与到了国产替代的进程中——以苹果产业链为代表的本土产业链崛起带来的国产替代。

中国过去20年在电子产业上的飞速进步，与苹果产业链的带动密不可分。10年前，中国在整个苹果供应链上还只能生产相对低端的零部件，包括玻璃盖板、外壳、印刷电路板等，但如今苹果产业链直接带动了本土的蓝思科技、立讯精密、歌尔声学、德赛电池、水晶光电、长电科技、超声电子、京东方等企业的发展，光上市公司就有数10家之多——所生产的产品也不再是那些低端零部件，取而代之的是各种具有较高技术含量的分系统、关键零件。

除此之外，苹果供应链在中国提供了至少数百万个就业岗位，这些工程师和产业工人成为中国发展先进制造业的宝贵财富。中国的电动汽车产业之所以发展到世界领先地位，和苹果供应链积累下来的这一大批产业精英有密切的关系。全球智能手机市场一年的规模接近3万亿元，中国无疑是这一波浪潮中最大的受益者。

可以看到，从军工航天到消费电子，中国的国产替代进程呈现出了如下趋势。

第一，从官方主导转向官方和民间两开花，民间资本在国产替代的进程中发挥出越来越大的作用。第二，从非市场化转向市场化，市场化属性较强的汽车、消费电子行业的国产替代方兴未艾。第三，从单点突破转向全链突破，国产替代的形式不再仅仅是集中力量攻关后实现单个目标，而是产业链发育成熟后的水到渠成。

还有一种特别值得关注的则是"华为模式"——一种坚持追求高毛利，充分借助中国的工程师红利，将每年相当比例的利润投入研发工作，通过强有力的科技攻关实现国产替代的模式。

毛利率反映出的是一家企业的盈利能力，拥有高毛利的企业往往意味着其产品或服务因为过硬的品质或技术含量从而可以定一个更高的价格。在消费电子领域，华为和苹果的毛利率都属于较高的一档，苹果的毛利率常年都维持在40%以上，华为也是如此，而其他品牌则相对较低。

毫无疑问，华为的高毛利来自其超强的研发投入——2022年的研发投入达到了1615亿元，研发强度为25.1%，处于历史最高位。这是个相当令人震惊的数字，因为即便是素来以技术研发著称的苹果，其研发投入金额也才 1915 亿元，研发强度仅有12.8%（见表 1-2）。而华为研发能力的另一重支撑则是其庞大的工程师团队——华为员工总计 19 万人，其中有 8 万人都是研发工程师，全公司近一半的工作人员都在从事研发工作。

表 1-2　2022 年华为、苹果研发投入

公司	研发投入（亿元）	研发占比（%）
华为	1615	25.1
苹果	1915	12.8

巨额的资金投入加上庞大的工程师团队，最后产生的效果就是华为获得了技术领先，从而实现了较高的毛利，而这种毛利反过来进一步哺育了华为高强度的研发工作，两者相辅相成。

实现国产替代的长板和短板

在分析了若干国产替代的例子之后，我们可以总结出中国国产替代的一些规律，即：

中国特别善于发展这两种行业——第一种是新兴行业，特别是 2000 年之后兴起的行业，这些行业里的外国厂商没有先发优势带来的壁垒；第二种是专门的、细分的行业，特别是产业链较短且消费属性较弱的行业，这些行业里的中国厂商可以采用"集中力量办大事"的策略。前者的代表企业是阿里巴巴、腾讯、大疆、华为，后者的代表行业则是盾构机、特高压输电、高铁。

这背后所体现的，是中国在制造能力上的优势。

最直接显著的是对各种资源的强大调度能力。中国是全世界最擅长建工厂的国家。世界经济论坛的数据表明，截至 2023 年 12 月，在全世界 153 家"灯塔工厂"中，中国占了 62 家。

像富士康在郑州工厂的建设，首先需要快速的土地准备，郑州当时在极短时间内搬迁了 15 个村子总计 8000 多位居民，同时还迁走了当地一个著名的大型纺织厂，在 4 个月内就完成了原定 12 个月才能完成的工程建设。为了调集一台空气压缩设备，郑州市政府直接从地铁工地上找到了一台符合要求的设备并将其尽快运来解决问题。郑州富士康公司位于郑州市新郑航空港区综合保税区内，市政府很快就把保税区的配套做好了，甚至为了满足大型 747 货机起降需求还扩建了机场，更不要提 30 万工人和上万名工程师了——这等强大的资源调度能力，只有中国才能做到。

其次就是海量的理工科人才供给，也就是我们通常所说的"工程师红利"。根据教育部公布的信息，中国 2021 年高等教育毛入学率高达 57.8%，在校高校学生总规模达到 4430 万人，远超世界平均水平。中国是世界人口大国，每年的高校毕业生数量远居全球首位。这一切都始于多年前开始的高校扩招。

1999 年，教育部出台《面向 21 世纪教育振兴行动计划》。文件提出，到 2010 年，高等教育毛入学率将达到适龄青年的 15%。由此正式拉开了高校扩张的序幕，也造就了中国的工程师红利。可以说，华为、字节跳动、小米、大疆这些横扫全球的中国科技企业，都享受了这一波扩招所带来的工程师红利。

可以想象，当这些资源被调动起来后将会对企业产生多么强大的促进作用。

相应地，短板方面，我们在传统行业、消费属性较强的行业里则相对落后，半导体、燃油车、航空发动机、制药……这些行业里的外国企业普遍都有着强大的、因先发优势而构造的壁垒。

这方面弱势的形成，主要来源于我们的后发劣势。

任正非曾经讲过一个值得我们警醒的事实，作为一个后发追赶的大国，中国长期以来对于"见钱更快"的应用型技术，如对工科非常重视，但是在基础科学的研发上依旧很薄弱。基础科学研发的不足直接导致了中国在材料科学、化工、医药、航空工业、机床、造船、芯片等工业门类上，对世界的尖端产品攻坚乏力。这也是中国实现国产替代被"卡脖子"的根源之一。

具体的表现是，中国基础研究的内在结构不协调。2019年，中国高校的基础研究费用占比为40.2%，应用研究占比48.9%，试验发展活动占比10.9%，这说明高等院校是中国社会进行基础研究的绝对主力（见图1-15）。企业的科研费用大部分花在了试验发展上，数据显示，企业试验发展费用占比为96.4%，基础研究上占比只有0.3%。

从基础研究资金来源看，在欧美发达国家中，企业是基础研究的重要资金提供方，所占比例极高，美国企业在基础研究资金中的占比是27.17%，日本为49.34%，韩国达到了59.88%，中国企业在基础研究资金中的占比只有3.07%。

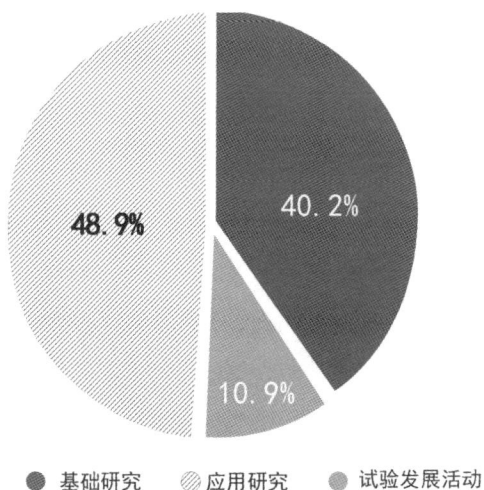

图 1-15　中国高校的基础研究费用比例

基础研究不稳，我们就造不出高水平的光刻机、芯片、新材料、航空发动机、高端药品、高端机床，而这些高端领域的主角恰恰是我们的企业。

我们终将实现伟大的国产替代

2023 年 8 月 29 日中午，华为顶着强力的外部制裁与技术封锁，推出了轰动市场的 Mate 60 系列手机产品，这是中国国产替代进程中的一个里程碑——它几乎完美符合了我们对"国产替代成功"的描述：它是消费行业的，是受市场认可的，是高技术含量的，是基于中国强大供应链和工程师红利的……

事实已经证明，国产替代并不是一个口号，而是中国强大的资源调动能力、人才供给、庞大市场发展出的结果。

中国国产替代的模式已经发生深刻改变，国有资本和民间资本都参与其中，完善的供应链开始发挥强大的孵化和加速作用。未来在新兴行业上中国优势明显，中国消费市场的崛起也预示着我们会在消费属性较强的国产替代方向上愈战愈勇——新能源汽车和智能手机行业就是典型。

我们，终将实现伟大的国产替代。

下篇

创投风云四十年

美国经济学家保罗·萨缪尔森（Paul A. Samuelson）在其经典教科书《经济学》一书中，曾论述过经济增长的四个轮子，即人力资源、自然资源、资本形成以及技术变革和创新。他对第四个轮子尤为重视，并这样表述道："历史上，增长本来就不是简单的复制，像单纯增加钢厂或电厂数量那样。事实上，欧洲、北美地区和日本的生产潜力增长的巨大源泉，是那些永无止境的发明和技术创新。"

中国在 20 世纪 70 年代末转入以经济建设为中心的主轨道时，已经认识到了这一点。譬如，邓小平所提出的重要论断——"科学技术是第一生产力"，几乎始终是全社会的共识。

然而，科技创新并不会自动转化成更高级的生产力。恰如萨缪尔森所说，"技术变革并不只是简单机械地找到一个更好的产品和工艺流程。相反，快速创新通常都需要培育出一种新的企业家精神"。在中国，很长时间内，庞大的生产力都拥挤在偏低端的"针头线脑"和"傻大笨粗"上。究其原因，一是科技水平相对落后；二是即使有一些科研成果，其商业转化率也很低。

从科研院所的前沿研究，到一线产业的具体实现，中间似有千山万水。

中国的创投行业，就是在这样的背景下诞生的。

对中国而言，创投行业是一个带有浓厚"资本"气息的舶来品，对其的争议始终不绝于耳，因而时常遭遇政策摇摆，或是存在种种的"水土不服"，其发展进程时冷时热、波折起伏，也就不足为奇了。

但是，确实是这些深具冒险精神的风投资金，化身成为科研成果的孵化器、科技和商业之间的连接器、促进新产品乃至新产业爆发的助推器。它们提供给创业企业的，不仅仅是雄厚的资本，还有更宽广的视野、更丰富的资源和更现代的经营管理方法论。

我们很难精确量化创投行业对于中国经济增长的贡献，但在今天的商业版图上，几乎每一家 2000 年以后诞生的明星公司，背后都有若干家创投资本的支持。

而伴随着一轮又一轮的产业爆发，创投行业也从零起步，成长为存量规模达到十万亿级别、高居全球第二的巨头行业。

今天，当传统经济动能渐弱，社会呼唤更多具有高科技、高效能、高质量特征的新质生产力时，我们同样需要呼唤这些具有价值挖掘、价值实现能力的创投资本，以更深刻的智慧、更坚定的信念，去推动中国全产业的转型升级。

鉴往可以知来，就让我们回顾一下中国创投行业从无到有的风云四十年吧！

漫长的蛰伏

彼岸盛况

1984 年，美国《时代》杂志的封面上出现了一个人物，他戴着圆框眼镜，身上穿着的西服被印上了类似美元的绿色花纹，旁边的文字附注是"CASHING IN BIG: The Men Who Make The Killings"（大赚一笔：金钱狙击手）。

此人就是后来被称为"风险投资之父"的阿瑟·洛克（Authur Rock）。洛克最为后人所津津乐道的经典投资案例，是成功聚合著名的"硅谷八叛逆"成立了仙童半导体公司（于2015年被美国安森美半导体公司收购）。而后，他又帮助"八叛逆"中的戈登·摩尔（Gordon Moore）和罗伯特·诺伊斯（Robert Noyce），成立了更为著名的英特尔公司，并担任英特尔公司的董事长达32年。

到 1984 年，阿瑟·洛克已经投出了好几个成功的案例，而最近的一个是 1980 年年底实现首次公开募股（IPO）的苹果公司——这是当年规模最大的 IPO 案例。苹果上市以后，洛克所持有的苹果股权使他在短短几年内获得了 378 倍的回报。

洛克并非美国风投梦幻时代的孤例。与他同期投资苹果的，还有红杉资本创始人唐·瓦伦丁（Don Valentine），只不过后者在苹果上市之前的 1979 年就卖掉了他的股权，因此只取得了"区区"一年 13 倍的短期盈利。而更有趣的是，负责采访洛克的《时代》

杂志记者迈克尔·莫瑞兹（Michael Moritz），在这次交集之后果断辞职，直奔风险投资行业，他后来成了瓦伦丁在红杉资本的继任者，投出了雅虎、谷歌、油管（YouTube）、贝宝（Paypal）等公司，巩固了红杉资本风投霸主的地位。

　　传奇人物层出不穷的背后，是 20 世纪 70 年代后期至 80 年代中期美国风险投资行业的飞速发展。20 世纪 70 年代中期，受石油危机的影响，美国经济陷入较为严重的滞胀，美国政府进行了一系列的政策调整。在投资层面，1978 年，美国国会将资本利得税从 49% 大幅削减至 28%；1979 年，美国政府放开了"谨慎人规则"，允许养老基金投资高风险资产，风险投资人支持的企业可以在不显示其历年盈利状况的情况下上市；1981 年，资本利得税税率再次下调至 20%。

　　上述政策的变化，加上当时美国在半导体、计算机、生物医药等领域实现的突破性的技术创新，造就了美国风险投资的黄金时代。从 1978 年到 1983 年的 5 年中，风险投资行业平均每年募集的金额达到 9.4 亿美元，是上一个 5 年的大约 22 倍。1977 年，风险投资行业从业者只有 597 人，到 1983 年已经增加至 1494 人，而风险投资基金管理的资金则翻了两番，从 30 亿美元增加至 120 亿美元。一大批风险资本支持的初创公司先后逆势上市，如天腾电脑、苹果电脑、基因泰克、泰索尼等，30% ～ 50% 的年回报率已经司空见惯。

初试啼声

1984 年的中国，仍然在转轨边缘若即若离地试探。尽管 4 年前就设立了深圳经济特区，但对于发展方向"姓社姓资"的争论，似乎从来就没有停止过，以至于邓小平在 1 月底视察深圳经济特区时，在特区有关领导梁湘、袁庚等人的反复询问下，始终沉默以对，一直到 2 月初回广州时，才写下"深圳的发展和经验证明，我们建立经济特区的政策是正确的"。

但总有些睁眼看世界的先行者，或许是初生牛犊不怕虎，敢于更为直率地主张"洋为中用"。就在 1984 年，国家科学技术委员会（简称国家科委，现科学技术部）的几位年轻干部提出，国家每年的科技经费都无偿地拨下去，却形成不了生产力，或者效果甚微，建议成立一家像国外那样的风险投资公司，将资金和科技企业利润挂起钩来，最后效益分成。

对于这样的想法，国家科委内部是否经过激烈的争论，中间是否克服了什么阻碍，后人已经很难尽知。但到1985年3月，中共中央发布了《关于科学技术体制改革的决定》，其中提到："在运行机制方面，要改革拨款制度，开拓技术市场，克服单纯依靠行政手段管理科学技术工作，国家包得过多、统得过死的弊病；在对国家重点项目实行计划管理的同时，运用经济杠杆和市场调节，使科学技术机构具有自我发展的能力和自动为经济建设服务的活力。"这意味着，用市场化的方法来指导科技创新，已经成为顶层设计中的共识。

在这一顶层设计的指导下，1985 年 11 月，国务院批准设立中国新技术创业投资公司（以下简称中创公司）。时任国家科委主任宋健批示："这是一项具有长远意义的改革试验，也可能是推动高科技发展的一个重要杠杆。"中创公司后来默默地消失在历史的长河中，但今天的我们需要记住，它是中国第一家真正意义上的风险投资机构。

中创公司最初所秉持的一些投资理念，到现在来看仍不过时。譬如，它一开始就提出不追求单一项目的回报，而寻求整体上的回报；还提出作为投资人要参与企业管理，帮助企业发展，而不是"一投了之"。在如今风投标准化流程的"募投管退"四个环节中，中创公司已经充分考虑到了前三个环节，只可惜，制度化的缺失导致了最后一个环节的断裂，也给中创公司的倒闭埋下了隐患。

20 世纪 80 年代，中创公司的横空出世显然给了襁褓中的中国创业企业集群一个巨大的希望。成立的第一个月，中创公司就收到了两百多份申请投资报告。1986 年，中创公司投出了 4773 万元，1987 年投出了 2.3 亿元，到 1989 年年底，中创公司规模达到了 18 亿元。

歧途悲歌

中创公司成立几年以后，制度化缺陷导致的问题开始暴露出来。中国的二级市场建设始于 1990 年上海证券交易所（简称上交所）、深圳证券交易所（简称深交所）的设立，而直到 2005 年全流通改革完成后，风投机构才有了真正意义上的 IPO 退出通道。而《中华人民共和国证券法》《中华人民共和国公司法》《中华人民共和国信托法》《中华人民共和国合伙企业法》等重要的上位法，都是到接近世纪之交时才出台或修订得相对成熟，在此之前，中创公司亦不可能通过并购、股权转让等方法退出。因此，中创公司的投资收益只能依靠分红来实现。然而，绝大多数创业企业都不可能在短期内具有高分红的能力，这使得中创公司的自我造血能力先天不足。

此外，中创公司资产端与负债端的久期匹配也存在天然的缺陷。中创公司成立时自有资金只有约 1000 万美元，而在当时的环境下，也找不到相应的有限合伙人来承担出资职能，因此它所投出去的资金，绝大部分是国家科委下拨的专项资金，而这些资金中有相当部分是中短期的政策性贷款，短期负债匹配长期资产，现金流自然会出现短缺。很快，中创公司的经营方向，不得不从以长期股权投资为主，转向以短期贷款、外汇业务、信托投资等金融业务为主。

当然，在内部管理上，稚嫩的中创公司也难免付出不菲的学费。例如，投委会的监督和激励机制不足，影响决策的科学性；对产品和市场的理解能力不够，导致实际收益和预期收益相差甚远；投后管理能力不足，导致投资资金被恶意套取；等等。

1990 年以后，随着宏观经济进入过热期，各类资产价格飙升，中创公司愈加趋向于短期套利，成了风云乍起的资本市场中的一个投机者。它参与了著名的海南房地产泡沫，结果在 1993 年泡沫破裂时，一个烂尾项目的损失就高达 10 亿元；还参与了证券市场的体制建设，甚至直接下水开设证券交易营业部，开展经纪业务和自营业务，结果在 1993 年亏掉了一个亿。1995 年，中创公司利用金融牌照开展了高息揽储业务，以解决自己的"资金饥渴症"，结果自然是在泥潭里越陷越深。

1998 年，中央下定决心进行金融大整顿，已然资不抵债的中创公司轰然倒塌，被中国人民银行宣布终止金融业务并进行清算。到尘埃落定之时，人们回顾以往，发现这家被寄望以风投业务推动创新企业发展的公司，连一家明星公司都没有投出来。

启蒙力量

中创公司的歧途悲歌，在很大程度上源自制度的缺陷。但是，中国的风险投资事业并没有因为先行者的倒下而停滞。相反，国际风投资本开始进入中国市场，成为中国风投事业早期的启蒙力量。

1992年年初，邓小平的南方谈话以强烈的冲击力扩散到全国，中止了纷扰的争论，使社会共识重新向全力谋发展的方向凝聚。一大批政府机构、科研院所的人员下海创业，成为即将爆发的商业浪潮的中坚力量。

一系列有利于改善商业环境的政策法规开始出台。1993 年，党的十四届三中全会审议通过《中共中央关于建立社会主义市场经济体制若干问题的决定》，要求建立适应市场经济要求、产权清晰、权责明确、政企分开、管理科学的现代企业制度。以此为指导，《中华人民共和国公司法》在当年年底出台。以后来的眼光来看，它仍不免带有一定的时代局限性，但它确实为现代企业的发展奠定了基本的法理基础。

此外，随着上交所、深交所的先后设立，全国性的证券交易市场也初步形成。早期的证券市场面临着制度不成熟、供给不充分、参与者不理智等问题，因此市场氛围总是在极热与极冷之间摆荡，但无论如何，证券市场的设立是中国经济与现代资本市场接轨的标志之一，也给风险投资的退出提供了潜在的通道。

中国的这些变化当然都落在国际资本的眼中。对国际资本而言，中国作为一个统一大市场的潜力毋庸置疑，而且，当所谓“第三次浪潮”已经席卷西方之时，中国在信息化方面只是刚刚起步，对于风险投资来说，这意味着具有超级爆发力的成长空间。

不过，最先进入中国的外资风投机构，其主导者和推动者却是一个中国人。

出生于湖南湘潭的熊晓鸽，第一份工作是在当地的钢铁厂当电工，但好学的他在 1978 年考入湖南大学，又在 1986 年拿到波士顿大学的全额奖学金，只用了 8 个月就取得了波士顿大学新闻传播学院的硕士学位，紧接着又进入塔夫茨大学攻读国际经济与商业伦理博士学位。在一次给荣毅仁做翻译的机会中，熊晓鸽结识了国际数据集团（IDG）创始人帕特里克·麦戈文（Patrick McGovern），这彻底改变了他的命运。

1991 年，已经做了几年记者和主任编辑的熊晓鸽主动联系麦戈文，描绘了自己对中国市场的宏伟梦想，后者立刻拍板聘请了他，后来又任命他为 IDG 亚太区总裁，并给予了他很大的自由决策空间。1993 年，正是在熊晓鸽的主持下，IDG 投资 2000 万美元，成立了太平洋技术风险投资（中国）基金（后更名为 IDG 资本），并很快与上海科学技术委员会合作，成立了中国第一家合资风险投资公司——上海太平洋技术创业投资公司。

但即使头顶外资光环，熊晓鸽暂时也无法克服"橘生淮南"的困境，困扰中创公司的退出难题同样困扰着 IDG 资本。在整整 7 年里，IDG 资本投出去的项目没有一个能够获利退出。然而，麦戈文却表现出了超乎寻常的耐心，以至于 IDG 资本的另一个创始合伙人周全都对熊晓鸽说："老麦是我见过的唯一比你还要乐观的人。"多年以后，当熊晓鸽询问麦戈文，为何在他这个毫无经验的人身上倾注如此之多的耐心，对方的回答是："因为你这家伙敢拿自己的青春赌中国的未来。"

事实证明，熊晓鸽真的是在赌"中国的未来"。IDG 资本没有像中创公司那样，忙于在低垂的枝头摘取现成的果实，而是用长期主义之道，谋求未来的一整片森林。根据周全的回忆，IDG 资本在设立之初就建立起了基本的制度框架，这一套框架即使在日后增加新的普通合伙人时，也没有发生大的变化。

同时，他们积极延揽具有远见卓识的风投人才，先后聚集了章苏阳、林栋梁、王树、杨飞、王功权、李建光、过以宏等人，即日后著名的 IDG "九大金刚"。靠着这些大将，IDG 资本满中国寻找早期互联网创业者，并在他们的创业路上给予了关键助力。被 IDG 资本投资的这些名字在当时仅仅算是崭露头角，但在日后却无不声名显赫，如张朝阳、马化腾、李彦宏、周鸿祎……

蓄势待发

IDG 资本无疑是中国早期风投事业中最耀眼的那颗星，但事实上，它虽然是先行者，却并不是独行者。

跟着 IDG 的脚步先后进入中国的外资风投公司，有华登国际、汉鼎亚太、中经合、怡禾创投等，它们的共同点是创始人皆为华人，均有海外教育经历，且已经在海外风险投资行业积累了一定的经验。在"懂中国"和"懂风投"两者难以兼得的启蒙时代，这批从业者无疑拥有先天的优势。

面对中国庞大的蓝海市场，这些先行者所选择的方向也各有不同，可谓"八仙过海，各显神通"。与出身传媒的熊晓鸽一开始就把目光聚焦在互联网革命上不同，华登国际的陈立武，或许是因其教育背景为理工科，首先关注的是家电制造业的国产化浪潮。当时，中国人对家庭"新三大件"（冰箱、电视、洗衣机）的迫切渴求与进口家电的高价之间形成了尖锐的矛盾，这给国产品牌留出了巨大的市场空间。陈立武的第一单，就是在 1993 年，通过一家离岸公司，对当时尚属乡镇企业的科龙公司投资了 330 万美元。科龙在 20 世纪 90 年代中期如日中天，与海尔南北相望、分庭抗礼。1997 年科龙在港交所上市后，华登国际获得了 300% 的回报。

汉鼎亚太的徐大麟一开始则走了一些弯路。1993 年，汉鼎亚太受托管理中安基金，在大连、沈阳等地投资了一些大型综合性企业集团，后来却发现"很难摸清楚里面的水到底有多深"，不仅难以盈利，还陷入了诸多麻烦。其后，汉鼎亚太转向探索中国消费升级带来的市场空间，投资了燕莎友谊商城，并成为星巴克、星期五餐厅等外资消费品牌在中国的财务合作伙伴。后来，汉鼎亚太还投向半导体领域，并与华登国际共同投资中芯国际。

当然，更多的经典风投案例发生在互联网领域。

1996 年，张朝阳在尼古拉斯·尼葛洛庞帝（Nicholas Negroponte）等人的投资支持下，成立了爱特信公司，并在 2 年后正式推出旗下品牌网站搜狐网，公司的第二轮投资者名单中罗列着一系列名字：英特尔公司、道琼斯公司、晨兴公司和 IDG 资本等。

1997 年 6 月，丁磊在广州创立网易公司，一年以后，网易成为中文互联网排名第一的网站。1998 年年中，美国华尔街的投资人在网易公司的门口排队，争着要给网易投资，当时网易公司的员工总人数才 10 人左右。一年后，从百富勤跳槽到霸菱投资的徐新以 600 万美元入股网易，这笔投资在 5 年后，拿到了 8 倍的投资收益。

1997 年 9 月，王志东成立了四通立方，他得到了加拿大艾芬豪投资集团和华登国际等风投资本的支持，并在一年后收购台湾华渊资讯网，合并为新公司"新浪"。有意思的是，当时艾芬豪中国的负责人冯涛，以及华渊资讯网的创始人林欣禾，后来也分别创业，投入中国本土的风险投资行业。

上述 3 家企业，再加上 2 年后成立的腾讯，便是中国互联网 1.0 时代的四大门户网站。而腾讯成立不久后便遇到资金问题，靠着盈科数码和 IDG 资本的"救命钱"才撑过 2000 年的互联网泡沫崩盘。实际上四大门户网站的爆发性成长，都离不开风投资本的支持。

不过，尽管参与者各显神通，获得投资的公司此起彼伏，但直到 1997 年，中国的风险投资行业始终处于一种说不清道不明的混沌状态。

首先是相关制度设计一片空白。当时，不要说行业性的制度条例，连上位法都仅有《中华人民共和国公司法》一部，而《中华人民共和国公司法》在制定之初，几乎没有考虑到风险资本的退出要求，对公司的注册、股权转让、清算注销均有较严格的限制。因此，在 1998 年以前，成功的风险投资退出案例鲜有耳闻。

其次是市场主体少，从业者匮乏。如前文所述，在启蒙时代率先试水风险投资的，往往是具有海外教育和工作背景的海外华侨，这类人在当时可谓凤毛麟角。IDG 成立中国第一家风投公

司时，熊晓鸽在香港的《南华早报》上登了招聘启事，面试的
200多人都不怎么了解中国国情，IDG总部最后对他说："机会
确实不错，但也确实没人能管，要不你来吧。"熊晓鸽才阴差阳
错地成了IDG资本的掌舵者。

最后是行业的社会认知非常低，鲜少有人理解"风险投资"
是什么。IDG资本早期"扫楼"寻找投资对象时，大半情形下都
会被对方当作"皮包"公司，被不留情面地轰出去。熊晓鸽日后
回忆说："当时在深圳大家就忙着做两件事，一是炒地产，二是
炒股票，根本不知道什么是风险投资。"

就在春寒料峭、乍暖还寒之时，金蝉蛰伏于冻土之中，默默
感受环境温度的变化，时刻准备着一鸣惊人。1998年，一个重要
的提案成为第一声春雷，惊醒万物。风险投资从"隐学"走向"显
学"的时代，即将到来。

跌宕的启程

春雷乍响

1998 年 3 月初，中国人民政治协商会议第九届全国委员会第一次会议在北京召开。时为惊蛰前后，春雷乍响，万物复苏。而中国的风险投资行业，也即将迎来第一声春雷。

民主建国会中央委员会时任主席成思危代表民建中央在该次会议上提交了《关于尽快发展我国风险投资事业的提案》。该提案因立意高、分量重，被列为"一号提案"。日后，这一提案被看作是中国风险投资行业正式启动的里程碑。

成思危本人并非投资专业出身，他最早的专业是化工，退休前为化学工业部副部长。20 世纪 80 年代初，他曾以访问学者的身份赴美国，到加利福尼亚大学洛杉矶分校管理研究院学习管理学。那正是美国风险投资的黄金时代，风投资本和产业人相互成就，新公司、新技术层出不穷。成思危看在眼里，自然不能不有所触动。

后来在接受采访时，成思危对比了中国的现状，语重心长道："我一直有一个感受，总觉得科技成果转化起来非常困难……一项技术研究成功后，企业往往不愿采用，因为有风险……所以到美国接触到风险投资时，我就觉得这个理念很好。它是用市场的力量来实现科技成果的转化，让它尽快地商品化。

所以当时我就修了一些这方面的课程。"

简而言之，"一号提案"强调了风险投资对经济发展的重要性，提出了几个方面的建议：明确把发展风险投资作为推动科技和经济发展特别是高科技产业发展的基本政策，通过各种方式和途径加紧培养风险投资方面的人才；鼓励、支持建立风险投资公司；加强宏观调控与引导，制定各种激励性政策；加强对风险投资的宣传，采取措施促进保险公司开展科技风险投资业务；允许风险投资公司发行债券，也可有选择地引进一些外资；尽快制定《风险投资管理条例》。

后来行业的发展，大致也遵循了上述路径。除了上述原则性的话题，该提案有两个提法颇受关注，其一是建议"结合我国实际，宜采用'官民'合办的模式。国家注入适量资金作为启动和担保资金，采用股份制或发行债券，广泛吸收企事业单位及社会各方面的投资，形成在国家统一规划指导下，以市场调节为主的风险投资经营公司"。

这一提法很符合我国"以公有制为主体，多种所有制经济共同发展"的大原则，因而为决策层所青睐，而核心城市的地方政府也响应得非常快。1999 年，在上海市人民代表大会上，上海市《政府工作报告》提出"建立创业基金，形成高新技术产业风险投资机制"，并推出了总额达 6 亿元的"上海创业投资基金"；北京市政府提出 3 年每年的风险投资额不低于 2 亿元；深圳则斥资 5 亿元发起成立深圳市创新科技投资有限公司（简称深创投，

2002 成立的深圳市创新投资集团前身），这家国有背景的风投公司，第一任掌门便是号称"中国证券业三大教父"之一的阚治东，这家公司在未来将成长为令人肃然起敬的行业领袖。

据当时的报道，仅 1998 年下半年，我国成立的风险投资公司就达到 43 家。截至 1999 年 8 月，全国各个层次的政府创业基金达到 100 多家，不少地方政府还推出了与之配套的风险投资担保基金，创投同业协会也纷纷成立。

另一个受关注的提法，则是指出当前制约风投行业发展的最大短板，是退出机制不成熟。"缺乏健全的股票市场和产权市场，而这两个市场是风险投资运行机制的基础。我国的股票市场刚刚建立，能够上市的高新技术企业数量很少；产权交易市场不发达，高技术企业不能自由地转换产权，很大程度上阻碍了风险投资业的发展。"进一步地，成思危提出了"三步走"发展思路，第一步是在现有法律框架下，成立一批风险投资公司；第二步是建立风险投资基金；第三步是建立包括创业板在内的风险投资体系。

决策层对此反应很快，1999 年 8 月，中央发布《中共中央、国务院关于加强技术创新，发展高科技，实现产业化的决定》，明确指出要培育有利于高新技术产业发展的资本市场，适当时候在现有的上交所、深交所，专门设立高新技术企业板块。

1999 年 11 月，科学技术部等七部委发布《关于建立风险投资机制的若干意见》，对成立风投公司、风投基金和完善退出机制，提出了原则性的意见。

1999 年 12 月，全国人大常委会对《中华人民共和国公司法》做出修改，允许高新技术企业按照新标准在国内股票市场上市。

2000 年 10 月，深交所公布了《创业板市场规则》咨询文件，宣布筹建创业板。

第一次热潮

政府的引领示范效应叠加筹建创业板带来的良好预期，再加上 1999 年 11 月，中美签署了关于中国加入世贸组织的双边协议，一切迹象都表明了中国政府对于推动风投事业的决心。中国巨大的市场潜力即将兑现，历史性的机遇就在眼前。

至此，中国的风险投资行业迎来了第一次热潮，而其中以近水楼台的深圳最为火热。

最引人瞩目的投资机构当属深圳市政府主导的深创投。深创投的初始注册资本高达 7 亿元（5 亿元为政府投入，2 亿元主要从国资企业募集），已堪称当时创投领域的巨无霸。尽管带着"国字头"背景，但深圳市政府却在深创投创业初期，就确定了完全市场化的原则，要求公司"政府引导，市场化运作，按经济规律办事，向国际管理靠拢"。

历史无数次证明，中国的民营经济力量永远是"给点阳光就灿烂"。在国资风投机构开辟的滩头阵地上，以达晨创投、同创伟业等为代表的本土非国资创投机构群雄并起，很快在数量上成为风险投资的主力军。

根据深圳市创业投资同业公会统计，到 2001 年，深圳设立的创业投资机构有 190 多家。可以与之相对照的一个数据是，中国科技金融协会在 1999 年 8 月的调查显示，当时全国的风投公司总数仅为 92 家。

同时，中国的企业风险投资（Corporate Venture Capital，CVC）的雏形也在孕育。2001 年 4 月，联想控股总裁柳传志决定成立一支专门的队伍，用资金和管理帮助并促进中国创业企业发展，为此他划拨了 3500 万美元作为第一期基金，并派出高级副总裁朱立南掌舵，成立了联想投资有限公司，作为联想控股旗下独立的专业风险投资公司。日后，联想投资更名为君联资本，注资企业超过 500 家，其中超过 80 家企业成功上市。

稍晚于联想控股投资的另一个重要事件，是中金公司直接投资部的分拆。由于证券监督管理委员会（简称证监会）要求证券公司不得直接或通过参股风险投资公司进行风险投资，最早启动风投业务的中金公司不得不将直接投资部拆分出去。直接投资部的负责人吴尚志顺势率领团队接手了这一业务，自立门户，成立了鼎晖投资。鼎晖投资日后投资并参与了超 350 家行业龙头企业的成长发展，并成功扶持其中 100 家企业在国内外上市。

2001 年 11 月，在清华毕业生倪正东创办的清科公司策划下，中国第一届创业投资论坛在北京举办，这次论坛聚集了当时绝大部分活跃的风险投资（VC）、私募股权投资（PE）机构投资人。倪正东后来回忆说："当年的论坛总共只有 150 人参会，但其中很多人成为日后中国创业投资以及私募股权投资界的翘楚，包括孙强（华平投资）、熊晓鸽（IDG 资本）、徐新（霸菱投资 / 今日资本）、阎焱（软银亚洲 / 赛富投资）、吴尚志（鼎晖投资）、汪潮涌（信中利资本）等。"

总而言之，这是一个万物竞发而秩序尚未构建的草莽时代。尽管当时的市场环境存在短时的不利，但先觉者已经涉水入河，各展拳脚，意在抢占有利的市场位置。中国的风投行业，就此开启了它前途光明、道路曲折的征程。

倒春寒

中国创投人齐聚一堂的 2001 年，其实创投行业的外部环境正在遭遇阶段性的挫折。

在美国，高科技板块正在承受泡沫破裂的巨大痛楚。

过去几年，美国科技公司的估值像坐上了冲天的火箭。1998 年年中，纳斯达克综合指数还只有 2000 点上下，在 1999 年年末就翻倍冲到了 4000 点，而到 2000 年 3 月 10 日，纳斯达克综合指数达到了 5048.62 点的最高点。科技巨头们的百倍市盈率简直司空见惯：思科 148 倍，甲骨文 153 倍，高通 167 倍，AOL- 时代华纳 217 倍……

但股市无法突破地心引力，狂暴的欢愉终将以狂暴收场。2000 年 4 月 3 日，微软公司被判违反《谢尔曼法》，成为捅破泡沫的那一根针，随后便是股市不可阻挡的连环下跌。此后 2 年内，

纳斯达克综合指数最低跌至 1108 点，相当于从最高点跌去了近
80%，无数财富灰飞烟灭。

　　对于中国企业而言，美国互联网泡沫破裂最直接的影响，是
在美国的 IPO 明星公司无法让前期投资者挣到钱了。譬如，在微
软垄断案宣判以后 10 天上市的明星股新浪网，在经历了 2 个月
的短暂上攻之后，便步入了漫长的下跌通道，最低跌到每股 1 美
元。要知道，作为新浪网早期投资者的华登资本，其投资成本都
在每股 3 美元。

　　炼狱般的下跌拷问着市场曾经的浮夸观点，投资机构不再为
点击量支付过高的溢价，重新将关注点聚焦到企业的盈利能力上
来。二级市场的退潮也倒逼出了一级市场的谨慎，满世界追投科
技企业的风投机构们开始收缩战线，囤粮过冬。

　　此时，中国 IPO 通道的设计也被按下了暂停键。2000—2001
年，中国股市爆出了若干丑闻，包括"中科系事件""银广厦事件"
等，游资坐庄、大股东掏空上市公司、严重财务造假等黑幕次第
展现在人们面前，经济学家吴敬琏痛斥中国股市"连赌场都不如"。
在这一背景下，决策层认为当时的股市仍不成熟，应当先整顿好
主板，缓推创业板。

　　海外 IPO 遭遇市场寒流，国内 IPO 主板难度高且退出不便，
创业板则被搁置，这一切对于早期风投机构来说，可以说是内忧
外患集于一身。2002 年，宏观经济正在走向过热，但中国的风险
投资总额反而较 2001 年下降了 28%，其中非国资本土创投机构

的占比下降到了不足 20%；全国创投投资案例从 2000 年的 434 起下降至 2002 年的 226 起。

在此期间，深圳一百多家创投机构，"死"掉了一半，侥幸活下来的日子也不好过。日后声名鹊起的达晨创投，当时每年仅敢投一两个项目；深创投则将手上的项目一部分转让退出，一部分等待分红，还有一部分通过红筹上市退出，从而艰难度过了冬天。

外资重返

2003 年，中国创投市场开始显现出回暖的迹象。

回暖的主要原因是美股市场从风雨飘摇中逐渐复苏，纳斯达克综合指数在 2002 年 10 月见到最低点以后，重回上涨通道，这使得一、二级市场的信心开始恢复。而从基本面的角度来看，以互联网为代表的高科技公司市场空间依旧广阔，而且过去 2 年的资本寒冬清退了一些竞争者，使幸存者的竞争环境更趋优化。

在这一背景下，外资创投机构成为引领中国创投市场恢复的核心力量。

2003 年 5 月，阎焱主导的软银亚洲以 4000 万美元注资盛大网络，成为当年创投领域的一个标志性事件。仅仅一年以后，盛大网络在纳斯达克成功上市。在此之前，全世界尚无一家在线游戏公司上市。软银亚洲最终在对盛大网络的这笔投资中获得了高达 6.8 亿美元的回报，阎焱一战成名。

同年，著名的对冲基金——老虎基金也搅动一方风云，在9月分别投资卓越网和携程网，并推动携程网在当年年底完成纳斯达克上市。携程上市之后，有人感慨万千："3年来，互联网的日子的确不是滋味。如今，持续3年前的互联网热潮再度在资本市场上掀起，势不可当。"

"势不可当"绝非虚言，2004年，包括百度、盛大网络、金融界、51Job、艺龙旅行网等在内的8家互联网企业集中赴美上市。当年，阿里巴巴也宣布获得日本软银集团、富达、纪源资本（Granite Global Ventures Capital，简称 GGV Captial 或 GGV）和TDF风险投资有限公司8200万美元的战略投资，这是当时国内互联网企业获得的最大一笔风险投资。

除上述外资机构之外，凯雷投资、戴盛资本、恩颐投资等也纷纷在中国设立分部，带动中国创投行业发展。当年清科研究中心数据显示，2004年的投资案例数量较2003年增加43%，投资金额上升28%。

和活跃的外资机构相比，由于境内IPO的难题待解，本土创投稍显沉寂，但也绝非毫无建树。

深创投收缩阵线，将一部分资金分到证券市场进行委托理财，一部分投到有希望通过红筹上市退出的公司。在2001—2002年，深创投投中了中芯国际和潍柴动力，这两家公司在重资产、硬科技类别的企业中堪称典范，它们都在2004年实现了香港主板上市，令深创投获得可观的回报。

更多小规模的本土创投则面临更大的困难。刘昼主导的达晨创投，在 2001 年完成了 960 万元参股同洲电子等 3 个项目之后，就迎来了漫长的停滞期。在很长一段时间内，达晨创投实际上只有一个投资经理，甚至有人建议关掉达晨创投。倘若刘昼屈从于这一压力，那么这家后来投资超过 730 家企业，其中超过 140 家实现上市的标杆性本土创投公司，就会早早地湮没在历史的尘埃中。

"达晨们"的曙光直到 2004 年才隐隐约约地出现。当年 6 月，根据国务院关于分步推进创业板市场建设"九条意见"的要求，深交所推出了具有过渡性质的中小企业板，来承接中小市值企业的上市。同洲电子在 2 年后，作为第一批全流通发行的公司，在中小板挂牌上市。达晨创投在这个案例上获得了 32 倍的回报，这也是本土创投在国内资本市场上首个真正意义上的成功退出。

2004 年夏天，当风投热潮渐起之时，IDG 中国与华平·中国联合向美国硅谷和华尔街投资人发送邀请函，邀请美国投资人前往中国考察。

"当时只准备邀请 10 个人，没想到邀请函发过去后有 20 个人报名，等出发时来了 24 个人，头等舱有限，有些人只能坐到公务舱。"当时负责接待的戈壁创投创始人曹嘉泰后来回忆说。

这 24 个人所代表的投资机构包括红杉资本（Sequoia Capital）、凯鹏华盈（KPCB）、恩颐投资（NEA）、Accel 合伙公司（Accel Partners）等，背景可谓豪华，但考察过程似乎乏善可陈。考察团爬了长城，逛了逛刚刚起步的中关村，随后便启程回国。当时，最具代表性的观点来自红杉资本创始人唐·瓦伦丁，他对中国的法律、财务环境和资本市场委婉地表达了不满，并开玩笑地说："红杉资本到东边投资，最远只会到伯克利（在红杉办公室向东20公里左右）。"

但后来的事实证明，投资大佬们的眼光并未被当下的不足所局限。在下一年，一系列的重要事件即将发生。国际风投资本入华和本土明星创业机构的崛起，将会在2005年集群式地出现。仿佛越过壶口的黄河、冲落三峡的长江，中国的创投行业，即将成为奔涌的浪潮，看天地宽阔，岁月激荡。

奔涌的浪潮

制度破局

外资创投机构重返中国，与美股复苏从而打通境外 IPO 通道有关。但与此同时，中国 IPO 仍有一个难题待解：股权分置问题，何时解决？

所谓股权分置，是中国资本市场形成过程中的一个特殊产物。我国资本市场成立之初的目标之一是推动国有企业改制，建立现代企业制度。但这里存在两个问题：第一，如果所有股份都能自由流通，那么假如其他市场主体大量收购股票，会不会使控制权转移，国有企业性质改变，进而影响重要行业和关键领域中的国企支柱地位？第二，股票市场是波动的，如果股票交易价格长期低于国资持股成本，那么国企在进行产权交易时，是否会触及国有资产流失的红线？

在上述问题难以解决但资本市场建设已经箭在弦上的背景下，制度设计者运用了一种"搁置争议"的方式，将原有资产所对应的股权和 IPO 时新发行的股权进行了隔离。按照 1992 年 5 月的《股份制企业试点办法》规定，"根据投资主体的不同，股权设置有四种形式：国家股、法人股、个人股、外资股"。其中"国家股、法人股"是非流通股，即使公司上市，这部分股份也不能在二级市场交易。

　　股权分置使国有资本控制权和国有资产保值的难题得以暂避，但也引发了一系列的后遗症。在创投领域，这一制度的最大问题就是，如果IPO以前股东取得的股份不能通过二级市场较为方便地退出，那么风险投资的"募投管退"在最后一个环节就存在阻塞，这个商业模式就要打个问号。这也是2005年以前，活跃在创投领域的主要是外资基金而非本土基金的根本原因（境外IPO的路径更为通畅）。

　　但到了2005年，这个制度性的难题迎来了破局之年。

　　其实在前一年，国务院就发布了《国务院关于推进资本市场改革开放和稳定发展的若干意见》，提出了解决股权分置问题的意见。但市场对此仍然莫衷一是，主要的担忧便是"大小非解禁"会带来天量的股票供给，冲击股市。

　　2005年4月29日，中国证监会顶着股市下行的压力，发布了《关于上市公司股权分置改革试点有关问题的通知》，宣布启动股权分置改革试点，目标便是"股改全流通"。尽管股市确实因此承压，上证指数一度跌破1000点，但在"开弓没有回头箭"的决心之下，证监会出台一系列对冲政策呵护市场，使得股市回暖，全流通改革也得以顺利推进。

　　股改全流通是中国资本市场的重要一步，也是创投行业的重大转折点。后来，达晨创投的创始人兼董事长刘昼感叹"股改全流通让项目退出渠道开始变得通畅，本土创投从这一刻开始才焕发了新的活力"，而深圳市创新投资集团内刊则预言"中国创投行业的春天即将来临"，并开始在全国范围内启动网络化布局。

又一年后，达晨创投、深创投、深港产学研创投和深圳高新投 4 家创投机构所投资的同洲电子在中小板挂牌上市，其 IPO 发行价为 16 元，上市首日最高达 44 元，收盘价为 35.63 元。同洲电子是首批全流通发行的公司之一，也是中国本土风投在国内资本市场的首个成功退出。敲钟之后，创投机构在五洲宾馆举办了一场论坛，主题便是"迎接春天"。

外资本土化

2004 年，红杉资本的来华考察看起来似乎反响平平，但到 2005 年，却发生了一件具有里程碑意义的事件——规模达到 1.68 亿美元的红杉资本中国基金成立。为了让这只基金更加"本土化"，红杉资本没有从美国派驻高层或投资经理，而是邀请了携程创始人沈南鹏和德丰杰全球基金原董事张帆，作为红杉中国的创始合伙人。

后来，红杉中国成为中国创投领域当之无愧的领头羊和巨无霸。在 2023 年红杉资本宣布将美欧、中国、印度 / 东南亚三地基金进行分拆和独立运营时，红杉中国资管规模已经达到 3000 多亿元，稍高于红杉美国区域的管理规模。

红杉中国的成立并非孤例。2005 年以前，美元基金被人戏称为是"Flying VC"，因为它们总是从大洋彼岸飞过来寻找机会，投完以后又飞了回去，和创业者之间的互动很少。而在 2005 年之后，或许是闻到了大时代来临的味道，这些美元基金不约而同地开启了本土化的进程。

例如，曾在 2004 年和唐·瓦伦丁一起来到中关村考察的网屏技术公司（NetScreen）创始人、美国华源科技协会曾任会长、独立投资人邓锋在 2005 年回到中国，他和硅谷的 2 家著名创投机构恩颐投资、格雷洛克（Greylock）合作，成立了北极光创投基金。

和邓锋履历相似的朱敏，曾是美国网讯公司（WebEx）创始人及美国华源科技协会董事，也在 2005 年做出了相似的选择。他与恩颐投资、合众集团（Partners Group）合资，回国创办了赛伯乐投资集团。

还是在当年，纪源资本开始了在中国的冒险，而它的中国区舵手是来自集富亚洲的李宏玮和来自德丰杰全球基金的符绩勋。和红杉中国一样，以"纪源资本"为名的 GGV 中国部分也在 2023 年选择"单飞"，和母体 GGV"分灶吃饭"。

要说到外资基金的本土裂变，最有代表性、最不可绕过的历史，莫过于 2005 年软银赛富的"独立运动"了。

2001 年加入软银亚洲基础设施基金担任执行董事总经理的阎焱，此时已经凭借盛大网络等明星投资项目，使软银亚洲成为全球最赚钱的风险投资公司之一，年均回报率高达 90%。然而，可观的回报中，80% 要归基金出资人美国思科，20% 中绝大多数属于孙正义的软银集团，实际操盘的阎焱团队所获甚少。

　　恰逢 2004 年孙正义希望向日本银行贷款收购日本电信，日本银行提出的条件是，软银必须退出已有的投资。借此机会，阎焱与孙正义谈判"分家"，并在 2005 年实现独立，将软银亚洲更名为软银赛富（后来又更名为完全去软银化的"赛富投资"），阎焱独立募集了 6.4 亿美元的二期基金，其团队掌握了普通合伙人 100% 股权。

　　2006 年之后，外资本土化的风潮还在继续：美国投资机构 DCM 宣布，新一轮募集的 5 亿美元准备全部投向中国，新浪网联合创始人、原首席运营官林欣禾出任 DCM 中国合伙人；凯鹏华盈与华盈基金合作，成立自己的中国基金——凯鹏华盈中国……

　　外资风投基金大规模入华的同时，在制度改善和经济前景向好的双重刺激下，本土风投机构也出现了集群式的崛起，并在未来成为中国创投行业的主导力量。

　　千帆竞发

　　2005 年，耶鲁大学毕业生、曾在耶鲁捐赠基金和纽约证券交易所工作过的张磊，回到中国创办了高瓴资本集团。高瓴，取"高屋建瓴"之意，英文名则是与中文名暗合的"Hillhouse"，灵感来自耶鲁大学所在城市中一条叫作"Hillhouse"的街道。在未来，高瓴将成长为一个横跨一、二级市场，以长期投资、价值投资著称的头部资管公司。

　　同样是在这一年，霸菱投资中国区总裁徐新辞去职务，和英特尔上海创业投资公司负责人温保马共同成立了今日资本。今日资本后来并不以规模出名，但有"风投女王"之称的徐新自称"不轻易开枪，开枪打得比较准"。他们将目光聚焦在互联网、消费和零售三个领域上，投中的项目包括京东、美团、益丰大药房、良品铺子、三只松鼠等。

　　比张磊和徐新更早一年，加拿大籍华人、在北电网络担任高管的伍伸俊拉着新加坡人林仁俊以及他在北电的老同事潘晓峰，一起成立了金沙江创投。2007 年，伍伸俊还邀请了朱啸虎加盟。后来，金沙江创投在消费互联网、企业服务、医疗科技等领域颇有建树，滴滴、饿了么、小红书等都是金沙江创投的成名之作。

　　2006 年，伴随着本土 IPO 局面打开，再加上新修订的《中华人民共和国合伙企业法》增加了有限合伙制度，间接对私募股权基金按照有限合伙企业形式设立与运作提供了法律保障，越来越多的从业者感到春江水暖，从而奋勇争渡，击水中流。

　　同年，时任深创投总裁的陈玮辞去国企领导职务，创办了东方富海。次年，他带领东方富海募集的第一期基金就高达 9 亿元，这是当时中国规模最大的有限合伙制基金，他们起草的合伙协议也成为后来深圳同业的模板。

　　英特尔投资部中国区总监邝子平辞去原职，联手原中投国际（香港）有限公司董事长加里·瑞斯彻（Gary Rieschel）创办了启明创投。启明创投后来专注于投资科技、消费、医疗健康等行业中早期和成长期的优秀企业，管理规模近百亿美元，投中了包括小米集团、美团点评、哔哩哔哩、石头科技、甘李药业、泰格医药等在内的明星企业。

2007 年，深圳规模最大的民营创投公司——深港产学研创业投资公司出资设立了松禾资本，开始以普通合伙人的身份募集、管理基金产品，掌舵人分别是深港产学研的董事总经理罗飞与董事长厉伟。松禾资本是中国最早布局医疗赛道的人民币基金之一，投出的案例包括科兴生物、华大基因、开拓药业等；在数字科技、新材料等方面，则投中了商汤科技、德方纳米等明星企业。

在一片雨后春笋般的蓬勃中，还有两类创投机构也开始崭露头角。它们在最初似乎只是配角，在聚光灯未照耀之处默默耕耘，但在若干年后，它们将成为创投行业中举足轻重的力量。

第一类是政府创业投资引导基金。

在 2005 年发布、2006 年正式施行的《创业投资企业管理暂行办法》中有这样一条规定："国家与地方政府可以设立创业投资引导基金，通过参股和提供融资担保等方式扶持创业投资企业的设立与发展。"2006 年，国务院发布的关于《实施〈国家中长期科学和技术发展规划纲要（2006—2020 年）〉的若干配套政策》也指出，"鼓励有关部门和地方政府设立创业风险投资引导基金，引导社会资金流向创业风险投资引导企业"。

客观地说，在宏观经济发展得如火如荼，金融、地产、资源等支柱产业狂飙突进的 2005—2008 年，地方政府最关注的是如何通过招商引资，快速推动城市建设，促进 GDP 增长，而非支持创业投资这类"过于前瞻"的事。不过，在 2006 年，仍然有一些政府创业投资引导基金陆续成立，包括苏州工业园区创业投资引导基金、北京市海淀区创业投资引导基金、上海浦东新区创业风险投资引导基金等。当年年底，还成立了国内第一只契约型人民币股权投资基金——渤海产业投资基金，总规模高达 200 亿元，首期规模 60.8 亿元。

第二类则是 CVC。

中国最早的 CVC 可能是成立于 2001 年的联想投资（君联资本前身），但如果说影响力最大的 CVC，则很难绕开阿里巴巴和腾讯。后来人们戏言，中国的互联网世界一大半都属于腾讯系或是阿里系。有意思的是，这 2 家企业的风投部门（或者说战略投资部门），也都是在 2006 年至 2008 年之间成立的。

阿里投资部成立于 2006 年，成立之初是以战略投资为目的。不过 2006 年的阿里巴巴还没有成长为超级巨头，这一尝试也更像是试水之举，直到 2008 年成立阿里资本，其对外投资才开始逐渐加码。

腾讯投资并购部成立于 2008 年，初期部门成员仅有几个人，团队的核心也只是围绕着游戏或增值服务业务线来进行的。不过随着互联网新商业模式的不断出现，腾讯投资并购部开始真正发力，构建出了一个无远弗届的互联网生态体系。

除了互联网企业，一些实业企业的创投部门也开始以更为独

立的姿态活跃在创投市场上。最具代表性的，便是成立于 2007
年的杉杉创投。尽管母体以服装起家，但杉杉创投的眼光远远超
越了传统行业，先后布局了锂电材料、光电材料、医疗、新能源
汽车等成长行业，不断为母体创造出新的增长点。

在千帆竞发的浪潮之下，中国创投行业开始呈现出一种加
速繁荣的状态。根据清科集团在 2007 年年初发布的报告，2006
年中国创业投资市场的投资总额高达 17.78 亿美元，同比增长
52.1%，成为中国创投历史上投资金额最高的年份，在全球范围
内仅次于美国。同时，中国初创期企业投资数量也大幅增加，在
当年的 324 起投资案例中，初创期企业获得投资的数量为 165 起，
不仅超过了扩张期投资案例总数，也是自 2002 年以来首次上升
到年度投资案例总数的二分之一左右。

危中有机

繁荣背后，大洋彼岸正在孕育一场新的危机。

2007 年下半年，美国次贷危机爆发，大批金融机构次第陷
入泥潭。到 2008 年，以第四大投行雷曼兄弟破产、第三大投行
美林被美银收购等事件为标志，次贷危机演变为全球性的金融
危机。

在金融危机阴影的笼罩下，全球资本市场万马齐喑。数据
显示，2008 年全球 13 个主要资本市场中，共有 277 家企业上市，
合计融资 568.48 亿美元，上市数量和融资额较 2007 年分别减少

62% 和 68%。

冷风吹起，夜幕降下。当资本不再驰骋猎场追逐独角兽，而是龟缩在洞穴之中时，那些尚未具备自我造血能力、只能依赖资本输血的初创企业，便将面临考验。

博客网（原名博客中国）是"中道崩殂"的互联网企业中颇具盛名的一家。2002年成立的博客中国，曾经连续3年保持每月超过30%的用户增长率，全球流量排名一度飙升至60多位。它的背后是一系列明星创投机构与个人：陈天桥、软银赛富、纪源资本、莫比乌斯风险投资公司（Mobius Venture Capital）、柏尚风险投资公司（Bessemer Venture Partner）……在最鼎盛之时，博客网曾经喊出"一年超新浪，两年上市"的目标，要做"全球最大的中文博客网站"。

在美好愿景的刺激下，博客网大幅扩张，在短短半年内，员工从 40 多人扩张到 400 多人，同时还在视频、游戏、购物、社交等众多项目上大把"烧钱"，A 轮融资的千万美元很快就被挥霍殆尽，却并没有找到新的增长方向。

2008 年，融不到资的博客网试图挽回败局，宣布准备将旗下的博客中国和博客网拆分为两个独立的公司，拆分之后分别转向高端媒体和社交网站（SNS）。然而同年 10 月，博客网宣布所有员工可以自由离职，也可以留下，但均没有工资。一家被投资人寄予厚望的"互联网巨头"就此倒下。

也有一些企业惊险地经受住了考验，其中就有如今的互联网巨头之一京东。

京东在 2007 年获得了第一笔来自风投资本的融资——徐新领导的今日资本向京东注资 1000 万美元。京东的成长性超乎预料，千万美元很快就不够用了，但再去融资时，却恰逢金融危机肆虐，市场蔓延着恐慌情绪。据说刘强东见了几十个投资人，所有人都对这家电子商务公司说出了"No"。

迟迟拿不到钱的京东不断降价，估值从 2 亿美元降到 1.5 亿美元、8000 万美元，紧接着是 6500 万美元、4500 万美元……一直撑到 2009 年 1 月，今日资本与雄牛资本、投资银行家梁伯韬一起向京东共同注资 2100 万美元，才使得京东化险为夷。

当然，对京东的独到眼光与坚持，也让今日资本获益匪浅。最终在这一单上，今日资本获得了超过 150 倍的回报。

也有一些投资人选择在危中寻机，于资本寒冬之时逆流而上，开创自己的事业。最典型的就是经纬中国的成立。

1977 年创立于美国东海岸波士顿的经纬创投是美国颇具盛名的一家风投公司，曾是苹果、联邦快递等明星公司的早期投资机构之一。大概在 2005 年，随着中国创投风潮渐起，经纬创投也试图在中国寻求发展机会，并找到了已经移居美国的易趣网创始人邵亦波。邵亦波个人对做基金兴趣不高，但承诺帮对方找到合适的人。2008 年，美国中经合集团中国区首席代表张颖、凯鹏华盈创业投资基金合伙人徐传陞和邵亦波 3 人成团，创立了经纬中国。

经纬中国的创立正值金融危机肆虐，即使手握第一期 2.75 亿美元基金，经纬中国的动作仍然小心翼翼，第一年只投资了 7 家企业。大约试水了 2 年时间，经纬中国确定了自己的投资方向，决定聚焦早期投资，押注移动互联网。从那时开始，经纬中国大量招聘互联网人才，每年投出几十上百个项目。

经纬中国对于移动互联浪潮的笃信最终获得了丰厚的回报，投中的一系列明星项目——滴滴、友盟、陌陌、猿辅导、饿了么、小鹏、理想、猎聘等，奠定了经纬中国在创投圈的第一梯队地位。一份来自创投数据库的统计显示，经纬中国在 2010 年到 2015 年的退出回报接近 30 倍。

但在 2008 年，由于和资本市场直接关联，当年的创投行业显然还是处于一片凄风冷雨之中。

根据清科集团的报告，虽然整体来看，2008 年中国创投市场仍保持逆市增长的态势，在全球范围内表现抢眼，但整体上升趋势放缓：在募资方面，新募外币基金的数量和金额均较 2007年有所减少；在投资方面，投资案例数和投资金额的增速已然放缓；在退出方面，中国企业在境内外资本市场上市较 2007 年减少 79%，上市数量、融资总额和平均融资额均创 3 年来新低。

不过，恰如最开始人们低估了金融危机的广度和深度一样，后来的事实表明，绝大多数人也低估了中国从危机中恢复的速度。潮水的上涨并非一蹴而就，短暂的回退似乎只是为了酝酿一次更汹涌的奔流。在 2008 年年底，伴随着一句"信心比黄金和货币更重要"，新旧两种经济驱动力轰鸣作响，中国创投行业即将迎来十年的流金岁月。

流金的岁月

"中国纳斯达克"开板

2008 年 11 月，为了应对国际金融危机造成的出口断崖式下落，经济面临的硬着陆风险挑战，中国政府推出了进一步扩大内需、促进经济平稳较快增长的十项措施，即通常所说的"四万亿计划"。中国政府强有力的逆周期调控稳住了内需，使中国成为抗击国际金融风暴的中流砥柱。

在传统行业引擎轰鸣的同时，新经济也在崭露头角。对创投行业而言，最激动人心的莫过于已经孕育 10 年、被寄予"中国纳斯达克"之厚望的创业板，终于在 2009 年迎来开板。

关于设立创业板的提议，最早是在 1998 年"一号提案"之后，成思危针对如何发展风投行业，提出了"三步走"的设想，最后一步就是"建立包括创业板在内的风险投资体系"。这一设想得到了中央的高度重视，并且很快进入了实际操作阶段。但 2000—2001 年股市发生巨震，黑幕频出，高层对资本市场的关注重心开始转向整顿治理，此后中小板推出、股权分置改革等一系列事件发生，创业板也被迫延宕。

直到 2009 年 3 月，中国证监会公布了《首次公开发行股票并在创业板上市管理暂行办法》，才宣告"面壁"10 年的创业板终于要迎来破壁之日。央视媒体对此积极评价道："这是中国多层次资本市场建设的重要里程碑，是落实金融三十条、应对全球金融危机的有效举措，对于拓展中小企业融资渠道，完善资本市场结构，推进创新型国家战略的实施，夯实经济发展后劲，必将产生积极而深远的影响。"①

2009年10月30日，在市场的热切期盼中，创业板首批28家企业集体上市，当日平均涨幅高达106%，这个开门红不可谓不火热。

这红火不仅是属于二级市场的，也是属于一级市场的。据清科集团的统计，28家上市企业中，有23家企业接受过46家风险投资或私募股权投资机构的投资，其中有40家为本土创投机构。仅以发行价计算，创投机构的平均回报率便达到5.76倍。

其中，达晨创投可能是最大的赢家。凭借亿纬锂能、爱尔眼科、网宿科技三个IPO项目，达晨创投"独中三元"，风头一时无两。后来，亿纬锂能、爱尔眼科都成长为市值超千亿的行业巨擘，也从另一个角度验证了本土创投机构的眼光。

到2010年，本土创投机构的高光时刻还在延续，这一年独领风骚的是深创投。早几年便开始在全国"开疆拓土"，和各地政府合作建立引导基金的深创投，手中积累了一大批优质的参投企业。这一年，趁着IPO渠道通畅，市场情绪高涨，深创投创造了单一年度26家参投企业上市的世界纪录。这个纪录直到12年

① 创业板启动是中国多层次资本市场建设重要里程碑. 新华社,2009-03-31.

后才被深创投自己再度刷新。

创业板的"创富神话"，以及境内 IPO 的开闸，引发了"全民参与私募股权投资"的热潮。达晨创投董事长刘昼后来回忆说道："仿佛就在一夜之间，深圳突然出现了 200 家的创投机构，而且大量的资金都进入这个行业，每一家机构都能够很容易地募到资金。"统计数据显示，2010 年创投机构募资 1768 亿元，相当于上年的翻倍，而当年的风险投资案例数和投资总额则分别较上年上升 65% 和 93%，均超过金融危机前 2007 年的高点，为历史新高。

移动互联网浪潮

日后，当人们回顾既往，可以清晰地看到，尽管创业板开闸确实为创投行业添了一把火，但它并非造就创投黄金十年的决定性因素。

事实上，直接融资的便利程度一直呈现某种周期性的变化，如在这 10 年当中，2009—2010 年政策非常宽松，2011—2013 年趋向于收紧，2014—2016 年重新放松，而 2017 年以后又趋向于收紧。

而创投行业虽然同样受到资本市场的影响，但整体呈现出波折向上的趋势。一组简单的数据可供佐证：在被认为是资本寒冬的 2018 年，国内创投机构数量达到 2800 家，是繁荣年份 2010 年的 3.2 倍；而管理资本总额达到 9179 亿元，是 2010 年的 3.8 倍。

这种整体性的大发展，当然不外乎内外两个因素的共同造就：在行业内部，制度设计与法律保障日趋完善，市场普及度大幅提升，人才供给日益充裕，培养体系日渐成熟；在行业外部，中国经济总量提升，结构改善，新业态的不断孕育和新技术的层出不穷，为创投行业提供了巨大的表演舞台。

其中，移动互联网浪潮所带来的万亿级产业机会，可能是造就创投黄金十年的最核心因素之一。

2009年1月7日下午，工信部举行了一个小型的牌照发放仪式，将3G牌照发放给中国移动、中国电信、中国联通3家电信运营商，3G时代正式启幕。

3G是英文3rd Generation的缩写，指第三代移动通信技术。这一技术下的无线网络应当满足以下标准：在室内环境下，最高速率达2Mbit/s（兆比特每秒或Mbps）；在室外或步行环境下，最高速率达384kbit/s（千比特每秒或kbps）；在快速移动环境下，最高速率达144kbit/s。

相比2G的传输速率，3G的应用几乎相当于人类从马车时代进入火车时代。在这一标准下，移动通信设备可以处理图像、音乐以及低质量的视频流，提供包括网页浏览、电话会议、电子商务等多种信息服务。

如果说3G网络基础设施建设的开启，是在为移动互联网时代打下地基的话，那么在下一年，一个产品的横空出世，相当于建立起了移动互联网时代的高楼大厦。

2010年6月8日，苹果公司在旧金山召开"2010年苹果全球开发者大会"，苹果 CEO 乔布斯发布了新一代的苹果手机——iPhone 4。这也是他最后一次登台发布新手机。

尽管 iPhone 4并不是第一款智能手机，但很显然，它跨时代的意义是前几代所不能比拟的——世界上最薄的智能手机（厚度仅9.3毫米，比前一代 iPhone 3GS 还要薄24%），全新的 iOS 4操作系统，3.5英寸的视网膜高清屏幕，首次配备的前后双摄像头，内置了三轴陀螺仪，可与方向感应器配合提供六轴动作感应，应用软件丰富的 App Store……量变堆积成质变，"苹果风暴"开始从大洋彼岸席卷全球，当年苹果手机销量接近4000万台，直接比上年翻了一番。

地基打下、高楼建起，人们被吸引于手机屏幕的方寸之间，"眼球经济"如日方升。就像过去 10 多年的高速城镇化中亿万人口从乡镇向城市迁移一样，现在人们也开始从现实向虚拟的线上迁移。尽管这种迁移无形无迹，但势头之澎湃，对经济形态的重塑之猛烈，较之前者毫不逊色。

仿佛寒武纪生命大爆发，一系列的新业态、新公司开始崭露头角：2009 年，支付宝推出移动端 App；2010 年 3 月，小米成立；2010 年 3 月，美团成立；2010 年 3 月，聚美优品成立；2010 年 4 月，爱奇艺成立；2011 年 1 月，微信上线 1.0 测试版；2011 年 3 月，快手成立；2011 年 8 月，陌陌上线；2012 年 3 月，字节跳动成立；2012 年 7 月，滴滴出行成立……

新经济的爆发，自然离不开创投公司的助力。从某种意义上说，这两者很像可燃物和助燃剂的关系，前者若缺了后者，就会失去夺目的光彩；后者若缺了前者，则将无可依附。于是，新经济公司崛起和风险投资井喷，成为传统经济动能减弱大背景下，交相辉映的两道风景线（见表2-1、表2-2）。

表2-1 2011年中国风险投资市场投资规模 TOP10

企业简称	行业	融资时间	投资机构	融资轮次	投资金额（US$M）
拉手网	互联网	2011-03-23	麦顿投资 /Remgro/Reinet Investments/ 金沙江创投 /NVPI 特纳亚资本	Series C	111.00
多玩	互联网	2011-01-01	老虎基金 / 思伟投资	Series E	100.00
梦芭莎	互联网	2011-02-01	德同资本 / 崇德投资 / 金沙江创投	Series D	60.00
上澎太阳能	新能源	2011-10-19	青云创投 /Capricorn Venture Partners/IFC	Series A	50.00
豆瓣网	互联网	2011-09-13	贝塔斯曼 / 挚信资本 / 红杉中国	Series C	50.00
尚品网	互联网	2011-07-27	成为资本 / 晨兴创投 / 思伟投资	Series C	50.00
美团网	互联网	2011-07-07	红杉中国 / 阿里巴巴 / 华登国际 / 北极光创投	Series B	50.00
途牛旅游网	互联网	2011-04-12	红杉中国 /DCM/ 高原资本	Series C	50.00
钻石小鸟	互联网	2011-02-01	方源资本 / 联创策源	Series C	50.00
优视科技	移动互联网	2011-01-11	纪源资本	Series D	50.00

（数据来源：投中网 .2011 年中国创业投资规模再创新高 互联网投资占据主导 .2012-01-31.）

表 2-2　2012 年中国风险投资市场投资规模 TOP10

企业简称	行业	投资时间	投资机构	投资金额（US$M）
小米科技	移动互联网	2012-06-23	GIC	216.00
大众点评网	互联网	2012-08-10	未披露	60.00
布丁酒店	连锁经营	2012-05-31	富达亚洲 / 君联资本 /KTB 等	55.00
爱侣	医疗健康	2012-08-06	深创投 / 永宣创投	50.66
美乐乐家具网	互联网	2012-05-01	祥峰集团 / 光速创投 / 险峰华兴等	40.00
东方风行	文化传媒	2012-04-26	宽带资本 / 中金	40.00
丁丁网	互联网	2012-04-24	风和 / 华威	40.00
优众网	互联网	2012-02-06	华威 / 光速创投 /IDG 资本等	40.00
酒仙网	互联网	2012-08-28	沃衍资本	33.77
寺库	互联网	2012-05-08	银泰资本 /IDG/贝塔斯曼等	30.00

（数据来源：投中网 . 投中年终盘点：
2012 年中国 PE 行业十大最受关注交易 .2012-12-18.）

　　以新经济公司为例，小米背后是恒隆集团陈启宗家族的晨兴创投、邝子平的启明创投以及 IDG 资本；美团背后是红杉中国等，红杉中国还促成了美团和大众点评的合并；聚美优品背后是徐小平，他也是新东方的联合创始人，在2011年创办了真格基金；爱奇艺背后是百度、高瓴、红杉中国以及雷军在2012年创办的顺为资本；快手背后是后来更名为五源资本的晨兴资本；陌陌背后是经纬中国；字节跳动背后是海纳亚洲创投基金，而其创始人张一鸣和美团的创始人王兴均为另一家创投公司源码资本的主要股东；滴滴背后的风险投资更是豪华，包括经纬中国、金沙江创投、腾讯、华兴资本等，而在合并快的打车、优步中国（Uber）的过程中，高瓴资本、红杉中国、阿里巴巴、淡马锡、软银、苹果以及众多的国企、央企，都成为滴滴的重要投资人。

流量爆炸，烧钱大战

这是一个烈火烹油、鲜花着锦的时代，而技术的加速演进为其添上更猛烈的一把火。2013 年，4G 牌照发放，电信运营商的基站建设也同步大规模推动。在新的技术标准下，无线数据静态传输速率可以达到 1Gbps（千兆比特每秒），高速移动状态下可以达到 100Mbps，且信号更稳定，时延更短。这意味着从技术层面上来说，在移动端，包括视频流在内的所有数据流都可以得到足够的支持（当然，在商业层面，运营商持续地提速降费也使得流量成本持续下降）。

流量大爆炸时代来临。根据工信部的数据，在 2010 年 1 月，全国移动互联网接入流量只有不到 3300 万 GB，而到 10 年以后的 2020 年 1 月，这个数据达到 120 亿 GB，也就相当于 10 年增长了超过 360 倍。在如此疯狂的增长态势之下，几乎所有的业务都值得在线上重做一遍。

而且，由于具备超强的网络效应和极高的转换成本，移动互联网的商业模式几乎必然导向"赢家通吃"的局面：老大吃肉，老二喝汤，老三以下全部出局。这意味着，对入局者而言，能否在这场流量狂潮中率先占据高地，是"性命攸关"的头等大事。为了实现这个目标，资本将不惜一切代价。

这种"倾其所有"的疯狂，早在 2010 年已经显现端倪。

2010 年，谷歌向美国团购网站 Groupon 发出收购要约，定价约 60 亿美元，但被对方以价格太低为由而拒绝。彼时，无论是投资者还是创业者，都热衷于在中国寻找美国公司的镜像。于是，在团购这一赛道上，投资者和创业者一拥而上，最多的时候竟有 6000 多家公司在这个赛道上竞争，被称为"千团大战"。

最早出现在市场上的是冯晓海的"满座网"，它的上线只比 Groupon 晚十几个月。而当 Groupon 想要进入中国时，却发现这一域名已被"团宝网"抢注，只好将中文名定为"高朋网"——恰好与中国的满座网凑成了高朋满座的寓意。接下来，团购赛道倒真的是"高朋满座"了，拉手网、窝窝团网、美团网、糯米网……蜂拥而至。

战至中途，融资节奏最快、战略最为激进的拉手网占据了先手位置。2010 年 6 月，上线不到 3 个月的拉手网完成了 A 轮 500 万美元融资，风险投资方是泰山天使基金、金沙江创投和欧洲团购网站 Daily Deal，在之后半年多时间，又快速进行了 B 轮和 C 轮融资，估值为 11 亿美元。拉手网创始人吴波说了一句后来非常出名的话："投资来的钱，我自己一张一张地往火里扔，一天都烧不完，所以我得找人来帮我烧才行。"

事实上，"烧钱"是当时绝大多数团购网站共同的战略选择。大家都指望烧出一片无人区来，让对手知难而退。另一家一度冲到行业第一的窝窝团网，毛利只有 5%，每月砸向市场的钱却有 6000 万到 1 亿元。一个三线城市、月薪 3500 元的小市场专员，纠结每月几十万元的市场费用怎么花出去。据说当时窝窝团网市场部的口径是："连钱都不会花，做什么市场？"

千团大战是中国互联网历史上第一次动用亿级资金来进行市场营销轰炸的战役。当时无论是央视、地方卫视、交通媒体还是电梯媒体，每天都在轮流播放各家团购网站的广告，最后大家都分不清、记不住是谁在做广告了，只记得是团购行业。

然而，最终事实证明，即使有资本加持，过于粗放的增长也不可持续。仅仅一年以后，包括拉手网、窝窝团网在内的绝大多数团购网站都因各种负面缠身、融资难以接续等原因惨淡收场，最后的赢家反而是最初在业务扩张和营销上较为克制的美团。

有人初步估算，团购赛道的这场大混战，总共"烧掉"了70亿元的投资。要知道，即便是被公认为"价值投资标杆"的贵州茅台，2011年的净利润也才首次超过80亿元。

不过，后来的事实证明，这只是互联网"烧钱大战"的前菜而已。

2014年年初，在力推微信支付的腾讯的支持下，滴滴打车宣布"乘客车费立减10元，司机立奖10元"，一天"烧掉"400万元的补贴，背靠阿里巴巴的快的打车不甘示弱，立刻宣布跟进。一时间全民狂欢，"薅羊毛"者数不胜数，二者的流量则节节攀升。仅仅4个月，双方就"烧掉"了20亿元。

这种消耗战令其他玩家咋舌不已。最早提供专车服务的易到用车，当年有一个 C 轮融资的机会，意向投资方们给的总额度超过 3 亿美元，易到用车创始人周航挑挑拣拣，只拿了 1 亿美元。当惨烈的补贴大战打响，面对一天"烧掉"1000 多万的"鬼故事"，易到只能望风披靡。

2014 年，滴滴、快的两家公司仅仅补贴这一项就"烧掉"了40 亿元，不堪重负的创始人和投资方都不愿意继续打消耗战，二者终于在 2015 年年初合并。

但这还不是网约车的终局。2014 年年底，全球网约车巨头 Uber 杀入中国，合并后的滴滴出行再度陷入恶战。2015 年，滴滴出行在中国市场亏掉了 100 亿元，而 Uber 则付出了 10 亿美元的代价。2016 年，Uber 中国败下阵来，以被滴滴出行合并而告终。有媒体指出，滴滴出行和 Uber 的总融资额高达 200 亿美元，"你知道第一次海湾战争，美国花了多少军费吗？600 亿美元，也就只够 Uber 和滴滴打三次"。

在网约车的"烧钱"大战临近尾声之时，小黄车 ofo 和摩拜单车分别在北京和上海上线，"解决'最后一公里'困境""绝佳的流量入口"这些描述让资本们垂涎三尺，共享单车成为风险投资、私募股权投资们追逐的下一个"风口"。ofo 背后站着金沙江创投、真格基金、经纬中国、滴滴、小米科技、顺为资本、元璟资本等，而摩拜的早期投资者则包括易车与蔚来的创始人李斌、愉悦资本、顺为资本、红杉中国、华平投资、腾讯、华润、高瓴资本……

更多的投资人挤不上这 2 艘豪华巨轮，只好退而求其次，扶植一些区域性的共享单车企业。一时间共享单车品牌如雨后春笋般冒了出来，2017 年市场处于最高峰时，全国范围内有 70 多家共享单车企业，累计投入了 2300 多万辆单车，网友们调侃道，"颜色都快不够用了"。

供给过剩时，价格战成为清退竞争者最好的方式，而手握巨量资本的摩拜和 ofo，自然是战争的主动发起者。一开始是摩拜率先推出了"充 100 元送 110 元"等优惠活动，ofo 则是"充 100 元送 100 元"。2017 年 6 月，摩拜推出了免费骑月卡活动，结束后又推出了"2 元 30 天"和"5 元 90 天"的月卡，ofo 紧随其后推出了"1 元包月"的活动。据说在补贴高峰期，这两家企业一天分别"烧掉"了 4000 万元的骑行红包。

大战过后，一地鸡毛，根据交通运输部的数据，仅仅到 2018 年 2 月，就有 20 余家共享单车企业倒闭或停止运营。最后，连 ofo 也深陷经营困境，迟迟无法退还用户押金，而摩拜则相对幸运地"卖身"美团。据电子商务研究中心监测数据，在 2016—2018 年间，共享单车行业累计融资额超过 260 亿元。当行业最终恢复冷静，这些巨量投资一方面留下了随时随地扫码骑车的便捷，另一方面也造就了成百上千的"单车坟场"，以及无数用户 App

中再也退不回的押金。

传统产业 CVC 兴起

在资本汹涌的黄金十年中，互联网公司无疑是商业世界的明星。从 BATJ（百度、阿里巴巴、腾讯、京东）到 TMD（今日头条 / 字节跳动、美团、滴滴），它们在商业版图上的合纵连横，无不是人们津津乐道的话题。而几乎所有知名的创投公司，皆与若干互联网巨头或独角兽有着千丝万缕的资本关联。它们互相捆绑、互相托举，成为这个时代最引人瞩目的弄潮儿。

相形之下，那些传统产业的"老钱"们，似乎稍显落寞。它们多是过去二三十年商业战争中的胜利者，有着响亮的社会知名度，也有着丰盈的资本积累。只不过，在它们的主业上，供需格局似乎早已奠定，既没有多少对手敢于搅局挑战，也缺少富有想象力的增长空间。

可以想象，当这些为两位数（百分比）增长而绞尽脑汁的企业看到互联网公司动辄几十上百倍的增长，而且时不时地"降维"侵入自己主业时，那种艳羡和恐惧交织的情绪将会如何缠绕心间。在此之后，它们便开始寻找破局之道。

与"石头缝里蹦出来"的创新公司不同，传统产业公司有一块固有的主阵地，公司的旗帜与血脉都根植于此，这意味着它们不能像新公司那样找风险投资或私募股权融资，把所有资源都"All in"（全部投入）风险未卜的蓝海中去。因此，派出一支独立的"轻骑兵",到未知领域做"侦察"并伺机拓展地盘似乎才是更稳妥的办法。

于是,联想、复星国际、杉杉等先行者所尝试的 CVC 模式,成为产业巨头们共同的选择。

2009 年的 TCL,状况并不算特别理想。2004 年,过于激进的国际化战略(连续并购汤姆逊彩电业务和阿尔卡特手机业务)使整个 TCL 集团陷入巨额亏损的泥潭,一直到 2007 年才理顺亏损业务,重新"上岸"。而 2009 年,国际金融危机余波未尽,创始人李东生又力排众议,决定杀入 LCD 面板行业,投资上百亿元建设华星光电项目。在这一背景下,TCL 集团在 2009 年投资 2 亿元成立 TCL 资本(后来更名为 TCL 创投),看起来像是一步无关大局的"闲子"。

然而,"闲子"并未因自己的"弱小"而妄自菲薄。TCL 创投董事长袁冰自定义为"集团的先遣队",致力于寻找"属于未来"的机会。TCL 创投既没有因 2009 年创业板火热而集中投资 Pre-IPO 项目,博取短期的财务回报,也没有局限于 TCL 集团已有的主营板块,而是分析产业变革方向,在前沿科技领域寻找成长机会。

例如,早在 2010 年,TCL 创投就开始关注半导体、新能源等领域,早期投中的触控芯片生产商敦泰科技,为 TCL 创投实现了 3 年 10 倍的回报。

又如,TCL 创投 2011 年就投资了光伏设备研发制造企业捷佳伟创，这比 TCL 集团 2020 年并购中环股份进入光伏行业早了将近 10 年。而捷佳伟创后来也成长为国内光伏设备领域的龙头企业，市值高达数百亿元。

再往后，TCL 创投的业绩更加夺目——2016 年投资宁德时代，2017 年投资商汤科技，2018 年投资寒武纪……几乎是一年投中一只超级独角兽，狂舞于浪潮之巅。到 2023 年，TCL 创投已组建了 15 只人民币基金、1 只美元基金，在管 12 只人民币基金，管理资金规模超百亿元，合计投资超 130 个项目。

2010 年前后，相较已经开始走向海外、引领世界的家电产业，中国的汽车产业在经历了 20 年的"市场换技术"之后，仍缺乏与国际品牌"掰手腕"的能力。作为当时中国第五大汽车集团的北汽集团，寄望于通过布局新能源产业方向来实现对国际品牌的"换道超车"。为实现这一目标，它在 2012 年成立了一家 CVC 子公司——北汽产投。

身负集团赋予的使命，北汽产投的投资方向相当明确，即未来汽车产业的变革方向，一是新能源、新材料和高端装备制造；二是智能化、网联化和数字生态。

北汽产投是典型的产融结合型 CVC，即不仅为被投企业提供资金，还能够依靠集团资源，为创业企业在需求定义与反馈、联合研发、车规认证与产品测试、供应链导入与资源协调等方面提供服务。对被投企业而言，这无疑比单纯的财务型风险投资具有更大的价值。

此外，由于北汽产投作为普通合伙人所管理的基金，主要资金来自北汽集团，其余有限合伙人包括北汽集团的战略合作伙伴、地方政府等，因此募集较快，而存续期则相对较长，这使基金的短期变现压力较小，可以陪伴创业企业走得更远。

当然，除了上述有利的外部因素，北汽产投自身在产业链上下游的深耕研究也不应被忽视，其所发布的汽车及相关领域全产业链投资价值研究报告，在业内甚至对国家部委来说都是重要的参考资料。

凭着自身对汽车产业链的理解，北汽产投投中了包括滴滴出行、宁德时代、孚能科技、智行者、速腾聚创等在内的多个明星项目。到 2023 年，北汽产投设立基金逾 40 只，管理资金规模超300 亿元，已成为中国汽车产业"新能源、智能化"浪潮中重要的参与者和受益者。

2016 年至 2018 年，中国房地产迎来最后一波整体性的高峰期。作为行业风向标的万科，在 2018 年 9 月行情余热未退之时，率先极具预见性地喊出"活下去"，而后数年让同行们铭刻于心。有不少房地产企业在行业下行压力面前，选择通过设立 CVC 子公司的方式来探索新的发展曲线。

央企保利集团可能是相对较早对非主营业务展开投资的房企。2015 年 12 月，保利资本成立，其有两大战略板块，一是配合主业的地产投资业务，二是针对非主业的私募股权投资。不过保利资本的私募股权投资业务主要还是沿着地产链延伸，以建筑和地产科技为产业科技出发点，以企业服务与产业链数字化升级为前沿布局突破点，打通建筑和工业中间的壁垒，后期也进一步向光伏能源、人工智能等热点新兴产业延伸。截至 2022 年 12 月，保利资本及其全资子公司（同为基金管理人）累计管理规模超过 400 亿元，累计投资项目超 170 个。

比起保利资本，成立于2019年的碧桂园创投布局似乎稍晚一些，但在项目选择上却更有不拘一格的勇气。除了地产链上的安居客、贝壳、云建信（建筑信息模型技术）、卓宝科技（防水）、固克节能（外墙装饰），碧桂园创投还投了硬科技领域的蜂巢能源（锂电池）、紫光展锐（芯片设计）、壁仞科技（芯片设计）、墨睿科技（新材料）、蓝箭航天（液体燃料火箭），甚至还有医疗领域的新瑞鹏（宠物医疗）、和铂医药（生物医药）以及消费领域的遇见小面、林清轩等。短短几年时间，碧桂园创投就投出了90多家企业，其中独角兽企业超过26家，IPO 企业超过10家，先后获得36氪发布的"中国最具影响力传统领域 CVC TOP10"、"2021年中国半导体领域投资机构 TOP30"等专业荣誉。

其实，在黄金十年中，通过CVC方式布局新增长点的传统巨头，远远不止上述几家。根据清科研究中心的报告，到 2019 年，有来自 116 个产业集团的 CVC 表现活跃，所参与的股权投资案例金额已达到全行业的 15%，成为创投行业举足轻重的影响力量。

"风投之城"

在内外资专业创投机构和产业资本崛起的同时，地方政府及国有资本也渐渐从幕后走向台前，由看客变身冲浪者。

著名经济学家张五常曾经提出，中国经济增长的其中一个秘诀就是"地方政府竞争"模型。地方政府在某种程度上具有企业的性质，只不过经营的是一块区域、一个城市，而经营目标包括经济总量增长、就业充分、社会稳定等。

这些目标，在短缺经济时代相对容易实现。从20世纪90年代到21世纪初期，地方政府普遍采用一些简单粗放的招商引资手段——如在地价、税收方面给予大幅优惠，多建几条高等级公路，就能吸引企业入驻。地方政府左手卖地，右手税收，就业与GDP蒸蒸日上。

然而，当需求的膨胀越过高峰，过量的供给转入存量竞争，过于简单的招商引资方式就不再灵验。企业不只需要便宜的土地、便宜的税收，也需要大批成熟的产业工人、成熟的产业链、良好的营商环境、充沛的市场需求……这对地方政府的产业规划和运营能力提出了相当高的要求。假如地方政府仍然只会简单粗暴地提供土地和补贴，其结果往往是招不来真正想要发展的企业，反而引来一批"造假圈钱"的不法之徒，给地方经济留下难以磨灭的创伤。

因此，在产业培育上，地方政府逐步开始由被动配合向主动经营转变。而这之中的佼佼者，被公认为是"风投之城"的，并不是已经孕育出成百上千家风险投资机构的"北上深"，而是毫不起眼的中部省会城市——合肥。

新中国成立之初，安徽省的省会其实并不是合肥，而是安庆。1952 年合肥被定为安徽省省会时，只是个产值不足千万元的小县城。即便是进入 21 世纪，合肥也因其"不沿江、不沿淮、不靠海"，经济总量在全国主要城市中排名靠后，人们甚至戏称毗邻的南京市才是安徽真正的省会。在一片戏谑之中，合肥默默树起"工业立市、制造强市"的招牌，决定将"一张蓝图绘到底"。

2008 年金融危机震荡全球时，恰逢京东方准备上马第 6 代 TFT-LCD 液晶面板生产线。此前京东方准备在深圳、上海等地建生产线，在与地方政府进行谈判时，均被日企夏普公司横插一脚，以帮助地方建设更先进生产线为诱饵阻断京东方和地方政府的合作。但合肥坚定支持京东方，告诉对方：深圳给你多少地，我就给你多少地。项目资本金缺口 175 亿元，合肥市政府投入 60 亿元，战略投资者投入 30 亿元，合肥市政府承诺剩下 85 亿元如果找不到战略投资者，就支持贷款解决。要知道，合肥当年的财政收入才 300 亿元！为了支持京东方建设 6 代生产线，合肥甚至暂停了地铁的建设，更坐实了"最大县城"的名声，一时引起群嘲。

但这一次"风险投资"的结果却令人们刮目相看。京东方的精湛技术和规模效应，叠加智能手机浪潮对屏幕需求的大爆发，一下子带动中国面板行业超越日韩，走到世界前列。在合肥当地，京东方带动了超千亿元投资，引进了上千家相关产业，解决了 3

万多个就业岗位。如今，合肥已经成为全球较大的显示产业基地之一，并辐射整个半导体行业。

面板行业之后，合肥"战得兴起"，又上了芯片的"赌桌"。

芯片行业中，存储器芯片曾是我们的"卡脖子"领域。这是中国芯片市场中的最大品类，市场需求占比全球的30%，但长期以来受制于人。比如动态随机存取存储器DRAM，96%的市场被韩国三星、韩国海力士、美国美光3家寡头垄断，中国每年进口额都在二三百亿美元以上。

受制于人，意味着在价格上只能任人宰割。2016年，合肥决定挑战存储器行业，与兆易创新合资成立合肥长鑫存储技术有限公司，由合肥市政府"出大头"资金（约75%），兆易创新只需出剩下25%的资金，负责项目的运营和推进。如果项目成功，合肥市政府的股权就由兆易创新收购。

2020年6月，我国首款纯国产内存条上市，其中芯片部分使用的便是长鑫存储DRAM颗粒，这意味着长鑫存储打破了海外半导体巨头长期垄断的局面。而合肥也以自己的开创性眼光，将自己打造为"IC之都"。凭着后来兆易创新的上市，业内估计合肥市政府浮盈超过1000亿元。

合肥的案例当然具有一定的特殊性，但不可否认的是，随着产业结构逐步向中高端推进，产业集群的重要性愈发凸显，无论是主动还是被动，地方政府都越来越需要依靠产业引导基金来孵化、培育符合市场需求且有竞争力的产业集群。事实上，在2014

年以后，深圳、上海、重庆、天津、苏州、常州等相对发达地区的地方政府，纷纷成立政府主导的产业引导基金。清科研究中心数据显示，政府引导基金的目标规模（非实缴规模），到 2017 年年末已经高达 9.5 万亿元。

案例

产业投资的"六边形战士"

葛昊／文

从 2010 年开始，中国迎来了产业投资飞速增长的 10 年（见表 2-3）。与个人投资、风险投资不同的是，产业投资的主体大部分情况下是企业，或者是由企业成立的创投公司。在中国产业资本狂飙的 10 年中，有一家企业不容忽视，其凭借惊人的实力、活跃的动作、专业的眼光，在投资领域屡创佳绩。这家企业就是腾讯。

一份数据显示，自 2011 年以来，腾讯的 CVC 业务活跃度一直处于国内相关机构的前三名，2014 年后更是长达八年霸榜第一。2021 年，腾讯平均每 1.7 天就有一笔投资业务，在投资事件数量上远超排名第二的公司。

除了投资频繁，腾讯的投资眼光与优质资产发掘能力也数一数二。丹纳赫的一位高管曾说丹纳赫是一家专注于制造业利基市场投资与运营的公司，当他们在美国和一家意向收购的医疗企业洽谈时，令他们惊讶的是，腾讯的投资人也联系到了这家企业。惊讶的原因在于，丹纳赫本是一家专注细分领域、几乎不会遇到大的投资公司、更多的潜在投资人都是标的企业上下游的公司。从这个案例也能看出，作为国内的互联网巨头，腾讯表现出了极强的在专业细分领域寻找优质标的的能力，并且这个细分领域是

表2-3　2011—2021年历年最活跃的国内CVC投资方TOP10

	2011年		2012年		2013年		2014年		2015年		2016年		2017年		2018年		2019年		2020年		2021年	
	投资主体	事件数	投资主体	事件数	投资主体	事件数	投资主体	事件数	投资主体	事件数	投资主体	事件数	投资主体	事件数	投资主体	事件数	投资主体	事件数	投资主体	事件数	投资主体	事件数
	盛大资本	21	腾讯投资	35	奇虎360	30	腾讯投资	80	腾讯投资	119	腾讯投资	121	腾讯投资	139	腾讯投资	166	腾讯投资	119	腾讯投资	170	腾讯投资	208
	腾讯投资	21	奇虎360	24	阿里巴巴	29	奇虎360	60	京东	68	京东数科	65	小米集团	62	阿里巴巴	75	阿里巴巴	38	小米集团	71	小米集团	65
	奇虎360	11	新浪微博基金	12	腾讯投资	24	阿里巴巴	47	阿里巴巴	63	阿里巴巴	55	阿里巴巴	48	蚂蚁集团	58	蚂蚁集团	36	字节跳动	36	字节跳动	50
	百度	8	盛大资本	10	百度	21	小米集团	42	奇虎360	50	京东	45	京东	29	百度风投	52	小米集团	32	联想创投	30	联想创投	32
	阿里巴巴	8	阿里巴巴	7	新浪微博基金	17	盛大资本	32	小米集团	49	小米集团	44	复星集团	25	小米集团	37	百度风投	27	阿里巴巴	27	哔哩哔哩	32
	盛景网联	6	盛景网联	6	携程	9	新浪微博基金	24	百度	31	奇虎360	27	蚂蚁集团	23	京东	36	字节跳动	26	碧桂园创投	26	华为哈勃投资	24
	TCL创投	5	复星集团	5	盛大资本	8	星辉娱乐	22	泰岳梧桐资本	26	百度	27	百度	23	科大讯飞	31	京东	20	哔哩哔哩	25	阿里巴巴	24

续表

2011年		2012年		2013年		2014年		2015年		2016年		2017年		2018年		2019年		2020年		2021年	
投资主体	事件数	投资主体	事件数	投资主体	事件数	投资主体	事件数	投资主体	事件数	投资主体	事件数	投资主体	事件数	投资主体	事件数	投资主体	事件数	投资主体	事件数	投资主体	事件数
新浪微博基金	5	联想创投	5	小米集团	7	蓝色光标	21	新浪微博基金	26	好未来	28	百度风投	22	百度	27	新东方	15	百度风投	23	碧桂园创投	20
复星集团	5	百度	5	UC-WEB-B优视科技	6	百度	18	盛景网联	25	蚂蚁集团	25	京东数科	20	比特大陆	25	百度	15	尚顾资本	18	百度风投	18
用友幸福投资	5	小米集团	5	斯凯网络投资	5	好未来	17	人人公司	24	哔哩哔哩	23	奇虎360	18	复星集团	23	好未来	15	华为哈勃投资	18	上汽恒旭	14
宏达电HTC	4	银江股份	3	联想创投	4	携程	13	盛大资本	21	盛景网联	22	联想创投	22	字节跳动	22	联想创投	13	百度	18	京东	14
联想创投	3	用友幸福投资	3	完美世界	4	网易投资	12	好未来	23	复星集团	22	新浪微博基金	22	好未来	22	吉相资本	12	普洛斯GLP	16	蔚来资本	12
华为	3	光线传媒	3	乐视网	4	58同城	12	昆仑万维	21	华策影视	21	中文在线	16	58同城	20	盛景网联	12	京东	14	OPPO	11
人人公司	3	人人公司	3	YY欢聚集团	3	京东	3	微影资本	20			盛景网联	15			科大讯飞	11	蚂蚁集团	13	蚂蚁集团	11

（数据来源：IT桔子）

在医疗行业，并不是在其擅长的互联网与科技领域。

腾讯所做的这些努力在两个方面带来了巨大的回报。一是投资极大地扩充了腾讯的产业版图，从文娱（主要是游戏与音乐）到电商，从先进制造到企业服务，从金融业务到生活服务，腾讯都有所涉足。2020 年，腾讯的市值为 4.6 万亿元，其所参股的上市公司总市值达到了 5.4 万亿元，其中还不包括那些投资了但尚未上市、总估值高达 1.8 万亿元的独角兽企业。

二是投资在很大程度上为腾讯贡献了充足的利润与现金流。2021 年三季度披露的年报显示，腾讯在当年前三季度的净利润为395 亿元，其中来自所投资公司贡献的盈利为 268 亿元。

不管是从腾讯投资的行为看，还是从其投资结果看，腾讯毫无疑问是中国 21 世纪第二个 10 年在产业投资领域的"六边形战士"。

那么，腾讯为什么走上了产业投资的道路？其究竟具备了什么特质让自己取得如此成绩？或许要从腾讯在 2010 年遇到的一次"挫折"说起。

3Q 大战

2010 年，中国互联网爆发了第一起大规模的互联网竞争案——3Q 大战。竞争双方是周鸿祎的奇虎 360 以及马化腾的腾讯公司。彼时，腾讯 QQ 和 360 安全卫士分别是个人电脑客户端中使用率排名第一和第二的产品。

3Q 大战成为国内第一起关于互联网反垄断与反不正当竞争的

案件，4 年后，最高人民法院为这次争端画上了句号：认定腾讯QQ 并不具备市场支配地位。

但这起事件冥冥之中对腾讯的产业投资布局产生了影响，加速了腾讯平台开放与投资布局的脚步。

从法院的判决来看，腾讯在这一次的竞争中得以胜出，法院并未接受奇虎 360 诉腾讯公司垄断的说法。但从社会影响上看，腾讯却在舆论场中大败。周鸿祎扛着"反垄断"大旗，带领一家营收不过 3000 万美元的初创公司，对抗一家已经上市 5 年、市值超过 400 亿美元的互联网巨头。

同时，随着个人电脑的普及以及互联网用户的增加，人们愈发感受到腾讯公司的产品不仅带来了更多的负面体验，甚至还阻碍了这个市场中其他新晋创业者的发展。彼时的王兴在创办美团后，发现腾讯也开始做类似的业务，他问道："有什么业务是腾讯不做的吗？"

投资界的"开明君主"

发酵的舆论给腾讯带来了巨大的压力。为此，马化腾先后召开了 5 次反思会，邀请媒体、用户和合作伙伴来提建议。2011年 6 月，腾讯召开合作伙伴大会，宣布打造开放平台，"扶持所有合作伙伴再造一个腾讯"。这也是腾讯正式进入产业生态的明确信号。

以往，当腾讯发现一个业务机会，特别是市场上已经有了同类产品并取得一定成功时，会组建一个团队自己来做。凭借自身的流量优势，从腾讯游戏大厅到各类游戏，腾讯几乎没有失手过。这固然降低了试错成本，但也让腾讯陷入抄袭的争议之中。

而选择打造开放平台后，腾讯可以通过成立投资基金，或者直接投资的方式寻找优秀的创业团队直接入股。

这样的方式让腾讯有机会进入任何相关且充满机会的赛道，并且不会再成为这些创业项目的竞争者。相反，当以投资入股的形式参与后，腾讯将自身收益与企业发展利益进行了捆绑，在很多时候，腾讯甚至会贡献自身的优势资源——社交流量，来帮助被投企业的发展。

最有代表性的是腾讯的电商业务。毫无疑问，腾讯是社交工具行业的霸主，不论是阿里巴巴的来往、王兴的饭否还是网易的易信，都无法对腾讯的QQ和微信发起挑战。

但腾讯也有自己的烦恼。一般而言，社交平台的商业化主要靠广告投放，但腾讯希望能进入电商领域，因为在"商业的终点是卖货"的世界中，后者的转化率更高。腾讯也曾尝试过上线微店等电商平台，但始终毫无起色。

自家业务的低迷，让腾讯开始寻找外部机会，并最终扶持了京东和拼多多两个电商平台，成为一方霸主。

克里斯坦森（Christensen）曾经在《创新者的窘境》一书中描述了类似的问题，对于大公司而言，内部创新总是困难的，因为市场不可预测，而成熟的团队总是将资源倾斜于维持现有业务。这是企业价值网络所决定的，无法以个人领导者的意志而转移。

要突破这一窘境，最优解是设立一个独立机构，或者参与外部项目的孵化。

腾讯凭借这一策略，逐渐从互联网的"头号公敌"，成为投资界的"开明君主"。

当反垄断来临

如前文所述，至 2020 年时，腾讯与阿里巴巴通过产业投资缔造了各自 10 万亿元的商业帝国。如果关注那段时间投资界的新闻，没过两三天就会听到这两家中的一家公司对某个创业团队完成了投资或收购。

有报告曾测算过，两大 10 万亿元商业帝国的成型，来自高强度的投资。每在经营上赚 100 元，腾讯会全部进行净投资，阿里巴巴会投出 80 元；对比硅谷的企业，亚马逊会投出 63 元，而谷歌、脸书会投 55 元，微软只会投 30 元。

这样高频次、高强度的投资行为自然也吸引了国家监管部门的注意，对此，腾讯采取了柔和的应对策略。

2021 年 4 月 10 日，国家市场监督管理总局依法对阿里巴巴集团控股有限公司在中国境内网络零售平台服务市场实施"二选一"垄断行为做出行政处罚，处以罚款 182.28 亿元。

消息一出，阿里巴巴在香港的股票反而上涨了 7.8%。投资者们从中读出了两个信息，一是监管机构并没有对阿里巴巴赶尽杀绝，182.28 亿美元的罚款约占其 2019 年中国境内销售额的 4%，但仍低于反垄断 10% 的顶格处理标准；二是投资者们相信，对阿里巴巴的调查处罚将告一段落。

阿里巴巴时任副主席蔡崇信在与分析师通话时表示："很高兴这件事过去了。"

然而这件事并没有完全过去。同年 7 月 7 日，国家市场监督管理总局通报了互联网领域 22 起典型垄断案件，其中有 8 起与滴滴相关，6 起来自阿里，5 起来自腾讯，2 起来自苏宁易购，1 起来自美团。

相较之下，腾讯则没有那么高的金额，这或许与其企业基因和生存策略息息相关。在反垄断的监管强化和遏制资本无序扩张的大背景下，腾讯采取了三种措施来进行应对。

一是体现了与政府积极合作的态度。

腾讯公司总裁刘炽平在 2021 年的一次财报电话会议中坦言："我们应该更多地了解政府关心的是什么，社会关心的是什么，并且更加合规。"

也是在这一年，腾讯积极响应了碳中和及共同富裕的倡议，这两个概念在"十四五"规划纲要中被提及，为此腾讯共投入 1000 亿元用于"可持续社会价值创新"战略和"共同富裕专项"计划。这些举措在市场和声望上也得到了回报，腾讯第三次登上了《南方周末》评选的"中国企业社会责任榜"榜首位置。

二是遵循了更为低调的企业定位与投资策略。

马化腾在 2021 年年底的腾讯员工大会上表示：

"腾讯只是国家社会大发展期间的一家普通公司，是国家发展浪潮下的受益者，并不是什么基础服务，随时都可以被替换。"

而在 5 年前，马化腾曾信誓旦旦地把腾讯定义为"致力于为合作伙伴提供基础设施服务"的企业。

彼时，腾讯旗下的通信软件微信拥有 10 亿用户，用户在微信朋友圈和 QQ 空间上传的照片每天超过 10 亿张，每天移动支付超过 5 亿笔，这些成就足以让腾讯被视为像是提供水或能源的基础设施供应商。但腾讯会要求接受其投资的初创企业不要频繁披露或提及自己作为投资者的名字。

腾讯意识到，自己在互联网领域特别是在流量方面所拥有的绝对地位，相比于在投资谈判中所能取得的优势，更需要考虑的是有关部门的监管与限制。

三是从专注投资转向剥离资产。

从 2021 年到 2022 年，腾讯在二级市场减持了 Sea、海澜之家、步步高等资产，其中最大的一笔，是来自对京东的减持。

腾讯通过实物分红的方式，将手中价值 1300 亿港币的京东股票送给了自己的股东们。这一操作完成后，腾讯在京东的股权比例从 16.9% 降到了 2.2%，腾讯总裁刘炽平不再是京东董事。但在 6 个月后，腾讯和京东公布了彼此的第三次战略合作协议，将合作领域扩展到了供应链和技术层面，可谓是减持但不减合作。

未来，对大型企业而言，在进行产业投资的布局时，不仅要考虑内部的企业战略、外部的商业环境，也需要考量到政府监管在反垄断领域的做法。

坚忍地挺进

大变局：回不去的从前

2018 年的春天，比以往来得更晚一些。

2018 年 1 月 19 日，美国国防部发布了酝酿已久的《2018 美国国防战略报告》，这份报告将中国和俄罗斯的重新崛起共同视为美国繁荣和安全的"核心挑战"。

在商业界，这份报告并没有引起人们足够的重视。毕竟仅仅 2 个月以前，时任美国总统特朗普刚刚率团来华，签下天价能源订单。这位总统上任才一年，人们还没有充分领会和适应他的行动风格。

但很快，中美关系的"气温"骤降。2 月 16 日，美国商务部公布了 232 调查报告，并建议对进口钢铁和铝产品实施关税、配额等进口限制措施。3 月 22 日，特朗普签署备忘录，宣布对 600 亿美元进口中国商品加征关税。4 月 16 日，美国商务部发布公告称，美国政府将在未来 7 年内禁止中国第二大通信设备商中兴通讯向美国企业购买敏感产品，受此影响，中兴通讯次月即宣告主要经营活动已无法进行。

事后看来，特朗普的行为并不像他本人所表现出来的那么善变，而是有着明确的、成体系的战略指引。如果将加征关税行为和美国政府此前所推出的《重振美国制造业框架》《减税与就业法案》等一系列法案结合起来，就可以看出美国的目标就是与中国竞争制造业第一大国地位，避免产业空心化。这种逆全球化举动显然不符合"高度分工、成本最低"的自由市场原则，而非常像是一种战前准备，对中兴通讯的禁止令则是打压中国高科技产业的一次试验。此后，美国频繁将中国高科技企业拉入出口管制实体名单，实施"卡脖子"战术，遏制中国科技企业从实用性领域向基础性、前沿性领域溯探。

中国当然对美国的举动做出了激烈的反应，不仅在外交口吻上"晓之以理、动之以情"，而且宣布在贸易领域实施"对等反制"。其间两国你来我往，关系时冷时暖，但总体上似乎已经不可逆转地走向分歧和对抗。

2018 年 11 月 7 日，新加坡举办创新经济论坛，受邀而来的美国前财政部长亨利·保尔森在讲话中忧虑地阐述了对中美贸易战的悲观看法："如果不能达成一个可行共识以解决当前的争端，经济铁幕将降临世界。"

和他相比，美国前国务卿亨利·基辛格似乎更为悲观。7 天以后的 11 月 14 日，在北京的晚宴上，这位中美外交史上的传奇人物用"新范式"来定义中美关系的未来，并断言"再也回不到从前"。

商业逻辑至上

如果说在单纯的贸易争端上，中国凭借多年担当"世界工厂"所积累的规模、成本及履约效率的优势，尚有筹码与美国掰一掰手腕的话，那么在技术战领域，中国几乎完全处于仰攻不利的被动位置。

2019 年，中国工程院原院长周济在一次论坛上表示，中国工程院对 26 类制造业产业开展产业链安全性评估后发现，有 8 类产业对外依存度极高，占比达到三成。其中部分领域和环节存在严重的"卡脖子"短板，几乎完全受制于人，包括集成电路产业的光刻机、通信装备产业的高端芯片、轨道交通装备产业的轴承和运行控制系统、电力装备产业的燃气轮机热部件，以及飞机、汽车等行业的设计和仿真软件等。

仅以芯片行业为例，其产业链一般分为设计、制造、封测三个大类，除了壁垒相对较低的封测环节我国已可以实现纯国产化之外，在设计和制造领域均存在明显的"卡脖子"环节。例如，芯片设计公司所使用的电子设计自动化软件 EDA，对外依存度高达 95%。国产 EDA 软件在技术能力和覆盖领域上与国际先进水平差距较大，一旦国外"断供"，国内芯片设计公司将立刻陷入"巧妇难为无米之炊"的窘境。而在制造领域，由于芯片制造的关键设备光刻机始终受限于美国主导的所谓《瓦森纳协定》，所以国内主要的芯片制造商（如中芯国际等）无法获得先进制程的光刻机。2018 年，在台积电已经步入 7 纳米制程时，中芯国际还停留在 28 纳米制程，整整落后了两代，这意味着纯国产产业链造不出类似于智能手机芯片这样的大算力、小尺寸的高端芯片。

产业链不全面并不是一个异常现象——事实上，没有一个经济体可以做到包罗万象。在正常的商业逻辑中，全球化大分工是依据比较优势理论而自发形成的，即各市场主体依托各自的优势，对产品进行市场化定价并自由交易，进而实现整体上的帕累托最优。然而，当冷战思维取代共赢思维，强权国家就有可能利用技术优势进行定点封锁，以"杀敌一千自损八百"的方式，阻遏后来者在技术上的追赶。也正因此，才有了2018年4月美国定点"狙击"中兴通讯，后者在一个月内即宣告业务停摆的故事。

在中兴通讯身上尝到"甜头"的美国，仅仅半年多后便故伎重施，这次它的目标是影响力更大的中国通信行业巨头华为公司。

2018年12月，加拿大政府应美国当局要求，逮捕了在温哥华转机的华为CFO孟晚舟。随后，美国不断地要求盟友禁用华为产品，并在2019年5月正式将华为及其子公司列入出口管制实体名单，禁止美国公司向华为供货。

其实，无论是中国政府还是华为公司，对产业链的薄弱环节并非没有认知，对美国及其盟友可能的断供威胁亦并非毫无准备。

譬如，早在2014年9月，国家就发起设立了国家集成电路产业投资基金（简称大基金），该基金由国开金融、中国烟草、亦庄国投、中国移动、上海国盛、中国电科、紫光通信、华芯投资等大型央企、国企共同出资，专门投向芯片产业，兼顾芯片设计、封装测试、设备和材料等产业，实施市场化运作、专业化管理。大基金第一期投资的重点企业包括中芯国际、华虹半导体、长江存储、紫光展锐、兆易创新、北方华创、中微半导体、沪硅产业等，累计对外投资企业和机构数量达到 72 家，涵盖了 IC 设计、IC 制造 - 代工、IC 制造 - 存储、特色工艺、封装测试、设备、材料等领域，覆盖了芯片全产业链中的大部分环节，使中国的芯片产业链初步成型，并在全球范围内具有了一定的竞争力。

而华为公司则早在 2004 年就成立了海思半导体（原华为集成电路设计中心），从事芯片设计。当美国将华为列入实体名单，禁止华为向高通等美国公司购买芯片时，海思半导体总裁何庭波发出一封内部信。信中谈道，早在十多年前，华为就做过极限生存的假设，预计有一天所有美国的先进芯片和技术将不可获得，华为仍然能够持续为客户服务。"为了这个可能永远不会发生的假设，数千海思儿女走向了最悲壮的科技长征，为公司生存打造备胎，现如今，备胎全部转正！"

但是，站在 2019 年的硝烟之中，面对大洋彼岸愈发咄咄逼人的技术打压，上述准备可能仍然不够。譬如，哪怕进步神速的海思半导体设计出能与高通公司成熟芯片相媲美的产品，但国产产业链中存在的部分关键空白，可能让这些设计无法量产落地——事实也确实如此。一年以后的 2020 年 5 月，美国果然扩大了对华为的制裁范围，全面限制华为购买美国软件和技术公司生产的半导体，包括那些处于美国以外但被列为美国商务管制清单中的生产设备公司，在为华为和海思生产代工前，都需要获得美国政府的许可证。台积电、中芯国际等芯片制造商随后都发布公告称，在前述禁令限制下，可能无法向华为供货。

因此，以强链补链为目标的芯片产业链投资，再度大规模启动。

国家层面，国家集成电路产业投资基金二期股份有限公司注册成立。这家在 2019 年 10 月成立的公司，注册资本高达 2041.5 亿元（超过第一期的 2 倍），股东不仅包括央企、国企，也包括部分产业链中的大型民企。在投向上，除继续支持制造环节外，将重点投向设备材料、下游应用等领域，强弱项、补短板的意图非常明显。

企业层面，哈勃投资等专业 CVC 成立。2019 年 4 月，在美国将华为列入实体名单的一个月前，华为发起设立了深圳哈勃科技创业投资有限公司。与大多数 CVC 扩大商业版图、为股东创造更大利益的考量有所不同，哈勃投资的设立一开始就是为了自救求存，所以带有明确的强链、补链特征，对于商业利益的追求则属于次要部分。

至今，这家临危受命的产业资本已投资了近 100 家企业，除少量的企业服务投资外，其余所有投资均集中在芯片半导体领域以及终端产品的配套行业，几乎遍布产业链的各个环节，包括九同方微电子、飞谱电子、阿卡斯微电子等电子设计自动化软件厂商，科益虹源、晶拓半导体等半导体设备上游厂商，以及阜阳欣奕华、博康信息等光刻胶厂商，而这些都被认为是"卡脖子"环节。

当然，在这一轮国产芯片投资浪潮中，哈勃投资可谓"吾道不孤"。早在 2014 年就成立的中芯聚源（中芯国际发起设立的 CVC），至今已经投资了 100 多家芯片产业链公司，其中 30 余家已经上市。此外，京东方的芯动能投资、韦尔股份的韦豪创芯、小米集团的小米长江产业基金等，均是在芯片创投界颇有建树的 CVC。

总的来说，在逆全球化的乱流之中，中国在以半导体、高端装备制造等为代表的产业链中的高强度投入，在一定程度上已经成为超越于商业逻辑之上、"不得已而为之"的悲壮选择。

恰如 2020 年 5 月，当美国扩大对华为公司的制裁范围，几乎断绝了华为所有的外部依靠之后，华为官方发出的微博——这条微博的配图是二战中被打得像筛子一样，却依然成功返航的伊尔 -2 攻击机，而正文只有一句话：

"除了胜利，我们已经无路可走。"

新产业，新曙光

对创投行业而言，2018 年的寒冬真实而残酷。大洋彼岸的压力带来的预期恶化、风险偏好收缩仅仅是一个方面，另一个不利因素是，监管层为了管控金融风险，在 2018 年 4 月出台的《人民银行　银保监会　证监会　外汇局关于规范金融机构资产管理业务的指导意见》中，限制了银行资金通过理财资金错配和结构化配资进入一级市场的行为，市场上的钱变少了，募资当然就难了。

但更深层次的因素来自行业本身。创投行业的黄金 10 年，本质上是移动互联网浪潮的伴生品。那些激动人心的大事件，绝大多数都发生在互联网领域。身为"10 后"的美团、小米、快手、字节跳动、滴滴、拼多多……都是在短短的 5 至 10 年间，就从"几个人几杆枪"的草台班子，成长为市值或估值数千亿乃至上万亿元的超级巨无霸，而它们身后，还有一大批更细分领域的独角兽企业。究其根本，正是移动互联网这个"超级工具"，叠加商业模式创新，造就了它们的爆发式成长。

但到 2018 年，"超级工具"的红利期已经接近尾声。根据中国互联网络信息中心（CNNIC）的数据，2018 年，我国网民数量已经达到 8.29 亿人，其中通过智能手机接入互联网的比例高达98.6%；而在上网时长方面，达到了人均每周 27.6 小时，也就是接近人均每天 4 小时。无论是从人口空间还是时长空间来看，未来的流量增长都将趋于平缓，蓝海市场将变成红海市场。

这一年，移动互联网行业内的中小企业，既做不出增量，也做不出利润，更拿不到融资，能感受到的，只有刺骨的寒意。有自媒体创业者抱怨说，"流量越来越贵，推广成本是过去的 3 到 5 倍，但转化率只有过去的十分之一"。甚至连两大巨头阿里巴巴和腾讯，也不再在消费互联网的领域内砸钱抢地盘，反而一个说起了"新制造"，一个谈起了"产业互联网"。财经媒体 36氪在一篇特稿中用一句五味杂陈的句子总结道："2018 年，水大鱼大的移动互联网创业黄金 10 年，就此画上了句点。"

但寒冬之中，也孕育着希望。

2018 年 11 月 5 日，在中国国际进口博览会开幕式的主旨演讲中，国家主席习近平宣布在上交所设立科创板并试点注册制。科创板坚持面向世界科技前沿、面向经济主战场、面向国家重大需求、面向人民生命健康，主要服务于符合国家战略、突破关键核心技术、市场认可度高的科技创新企业，重点支持新一代信息技术、高端装备、新材料、新能源、节能环保以及生物医药等高新技术产业和战略性新兴产业。

相比命运曲折、"怀胎"十年的创业板，科创板的推进可谓神速。2019年3月，中国证监会发布了第153号、第154号令，公布了科创板相关管理办法。2019年7月22日，科创板正式开市，首批25家科创板企业首日全体大幅收涨。本土创投公司表现抢眼，深创投、松禾资本、达晨财智、同创伟业、啟赋资本、架桥资本等均有斩获。

科创板的开闸，标志着以半导体集成电路、新能源、高端装备制造、工业自动化、医疗健康、人工智能等为代表的硬科技型新产业的景气时代到来，这些企业将成为接力移动互联网的全新经济驱动力。

在全新的产业经济图景下，创投行业格局也在悄然生变。产业 CVC 凭借其对产业更为深刻的理解和更加完善的投后管理，崛起成为硬科技创投领域的主导力量。

宁德时代，一家 2011 年才成立的动力电池制造商，快速成长为新能源领域的弄潮儿。2015 年，全球新能源汽车渗透率仅为 0.42%，当时已经跻身动力电池出货量全球第三（当年电池销量 2.4GWh）的宁德时代启动 A 轮融资，投后估值为 210 亿元。从 2017 年开始，宁德时代稳坐动力电池出货量全球第一，到 2022 年时，电池年销量达到 289GWh，即 7 年增长近 120 倍，市值也一度超过 1.6 万亿元，为早期投资者带来了丰厚的回报。

动力电池是一个技术、资本双密集的行业，格局一旦奠定，后来者颠覆巨头的难度就非常大。坐拥宽广护城河的宁德时代，却并未满足于此。2017 年至 2020 年，宁德时代先后设立全资子公司问鼎投资有限公司和宁德新能源产业投资有限公司，并以问鼎投资为有限合伙人参投晨道资本，透过上述 3 个投资平台展开股权投资。

和财务型风险投资主要关注财务回报不同，宁德时代的股权投资带有明确的战略布局意图，主要是围绕动力电池产业链展开。

向上游，宁德时代投资了锂矿企业［如北美锂业、皮尔巴拉（Pilbara）、天宜锂业等］、正极材料（如升华新材、振华新材、湖南裕能等）、负极材料（如东恒新能源、杉杉锂电、鑫祥碳素、尚太科技等）、隔膜（如中材锂膜等）、电解液（如永太高新、力泰锂能等）、锂电池生产设备（如先导智能等），几乎将锂动力电池制造所需要的所有环节"一网打尽"（见表 2-4）。

向下游，宁德时代先是与上汽、广汽、一汽、东风、吉利等大型汽车集团成立合资子公司，并以"包产线"等方式与大客户强势捆绑；接着积极介入新能源汽车公司的定向增发，参股了拜腾汽车、爱驰汽车、北汽蓝谷、极氪、阿维塔、哪吒汽车、赛力斯、奇瑞控股等多家车企，甚至还延伸到智能驾驶领域（见表 2-5）。

通过沿着产业链上下扩张，宁德时代颠覆了传统汽车产业链中主机厂才是链主的常规格局，俨然成为新能源汽车产业链的核心，被业界半带戏谑地尊称为"宁王"。鼎盛之时，连某大型车企集团的老总都无奈抱怨："我们都是在给宁德时代打工。"

表 2-4 宁德时代在动力电池上中游投资事件（部分）

企业	领域	投资形式	投资时间
宁德时代锂动力	锂离子电池制造	天使轮	2016 年 3 月
青海时代新能源	锂离子电池制造	股权融资	2016 年 4 月
普莱德新材料	天然石墨负极材料	A 轮	2016 年 8 月
North American Lithium（加拿大）	锂矿勘探	股权融资	2018 年 3 月
鹏成新能源	动力电池系统研发	天使轮	2018 年 9 月
天宜锂业	锂电池材料生产	股权融资	2018 年 11 月
Pilbara(澳大利亚)	锂矿勘探	战略融资	2019 年 9 月
曲靖麟铁	磷酸铁锂业务	种子轮	2019 年 10 月
曲靖麟铁	磷酸铁锂业务	天使轮 +	2021 年 2 月
蔚能电池	动力电池租赁、维修、销售	天使轮	2020 年 8 月
蔚能电池	动力电池租赁、维修、销售	A 轮	2020 年 12 月
先导智能	锂电池生产设备	定向增发	2020 年 9 月
先导智能	锂电池生产设备	定向增发	2021 年 7 月
湖南裕能	磷酸铁锂业务	战略融资	2020 年 12 月

续表

企业	领域	投资形式	投资时间
升华新材料	正极材料	战略融资	2021 年 1 月
星云股份	锂电池组检测	定向增发	2021 年 1 月
天华超净	锂电池材料	定向增发	2021 年 4 月
		定向增发	2022 年 12 月
锂源新能源	电子专用材料	战略融资	2021 年 5 月
志存锂业	锂矿资源开采	战略融资	2021 年 9 月
振华新材	正极材料	定向增发	2021 年 9 月
Manono(非洲)	锂矿勘探	战略融资	2021 年 9 月
Global Lithium Resources Limited(澳大利亚)	锂矿勘探	战略融资	2021 年 11 月
恒翼能	动力电池检测	B+ 轮	2021 年 11 月
鼎阳智能	锂电池生产研发	战略融资	2021 年 11 月
永太高新	电解液	战略融资	2021 年 11 月
力泰锂能	正负极材料、电解液	战略融资	2021 年 12 月
		并购	2023 年 1 月
东恒新能源	碳负极材料	D＋轮	2022 年 1 月
上海杉杉锂电	负极材料	战略融资	2022 年 4 月
贵州磷化	正极材料、电解质	天使轮	2022 年 7 月
时代研究院	电解液	并购	2022 年 3 月
鑫祥碳素	石墨负极材料	B 轮	2022 年 9 月
中材锂膜	隔膜	Pre-B 轮	2022 年 9 月
华创新材	锂电铜箔产业	A 轮	2022 年 12 月
斯诺威矿业	锂矿开发	并购	2023 年 3 月

（资料来源：钛媒体）

表 2-5　宁德时代布局车企信息列表

企业	投资形式	金额	投资时间
时代上汽	合资	持股 51%	2017 年
上汽时代	合资	持股 49%	2018 年
广汽时代	合资	持股 49%	2018 年

续表

企业	投资形式	金额	投资时间
时代广汽	合资	持股 51%	2019 年
时代长安	合资	—	2022 年 12 月
东风时代	合资	持股 50%	2018 年 7 月
拜腾汽车	B 轮	5 亿美元	2018 年 6 月
爱驰汽车	投资	308.155 万元	2021 年 5 月
北汽蓝谷	A 轮	—	2019 年 3 月
	定增	55 亿元	2021 年 5 月
极氪	Pre-A 轮	5 亿美元	2021 年 8 月
	A 轮	7.5 亿美元	2023 年 2 月
阿维塔	天使轮	24.2 亿元	2021 年 11 月
哪吒汽车	D2 轮	—	2021 年 11 月
赛力斯	大股东重庆小康控股有限公司转让给宁德时代全资子公司股份	持股约 2%	2021 年 11 月
	定增	—	2022 年 12 月
奇瑞控股	战略融资	持股约 3.73%	2022 年 12 月

（资料来源：钛媒体）

唯一能与宁德时代"分庭抗礼"的，似乎只有比亚迪。

比起一出生便自带产业金钥匙的宁德时代，比亚迪的历程要更跌宕起伏一些。1995 年比亚迪刚成立时，从事的是成熟的手机镍镉电池业务，但独具慧眼的王传福决意冒险进入新兴的锂电池行业。2003 年，比亚迪通过收购秦川汽车，跨界进入汽车行业，并开始研发动力电池；次年又成立比亚迪半导体股份有限公司，进军 IT 行业微电子及光电子领域。到 2015 年，比亚迪发布新能源汽车"全产业链＋全市场"战略，决定电池、电机、电控等核心零部件全部自主研发。新能源大潮来临之际，当其他整车厂受制于动力电池的供给瓶颈时，比亚迪却凭借无出其右的纵向一体化能力，在成为全球新能源汽车销冠的同时，将旗下弗迪电池推上了动力电池出货量全球第二的宝座。

相比宁德时代，比亚迪在 CVC 方面开局比较晚，在 2020 年 12 月才投出第一笔——一家北斗导航芯片公司深圳华大北斗科技有限公司，但随后加速发力，2022 年的投资数量甚至逼近 40 次，超过了同为新兴 CVC 的宁德时代和华为哈勃，当年年末长期股权投资金额已达到 2019 年年末的 4 倍。

和宁德时代相仿，比亚迪的股权投资也集中在自身产业链的上下游，具体案例包括华大北斗（导航）、地平线（车载人工智能芯片）、速腾聚创（激光雷达）、盛新锂能（锂矿）、杉杉锂电、碳一新能源（负极材料）以及部分光伏、半导体产业链相关企业。

其实，无论是新能源领域的宁德时代、比亚迪，抑或是半导体集成电路领域的华为哈勃、小米、中芯国际，还是工业自动化领域的汇川技术，医疗健康领域的迈瑞医疗、华大基因，人工智能领域的商汤科技，这些新兴产业领域的佼佼者，亦是产投融合型 CVC 的实践者。它们的投资对象通常都与自身主业有明确的协同关系，通过投资来促保供、带销量、造生态圈，当产业与投资之间的飞轮转起，一条条漫长而精密的产业链将变得愈加强健而稳固。

数据显示，2020 年以来，股权投资市场整体投资规模有所下滑，但产业资本的出资规模反而明显增加，在一级私募股权市场的投资金额占比已达到 30% 以上。

无怪乎有媒体评论说，对未来的中国一级市场而言，投资主流从纯财务目的走向强调产业理解、构建产业链条、赋能产业升级的产业投资，是远比币种从美元向人民币倾斜更为重要的发展主线。

"新能源之都"启示录

新产业崛起的征程之上，搅动风云的不仅有产业 CVC，也有规划产业集群愈加得心应手的地方政府。

2018 年，地处洛阳的中航锂电正陷于困境之中。这家进入锂动力电池行业甚至还早于宁德时代的企业，早先所押注的技术路线是安全性较高、成本较低但能量密度也较低的磷酸铁锂电池，并在 2016 年以前的市场中势力颇盛。然而到 2017 年，国家对新能源汽车补贴政策进行了大幅调整：一是补贴与产品能量密度挂钩，三元锂电池迅速崛起成为主流；二是商用车补贴大幅下降。受此影响，中航锂电装机量呈现断崖式下跌，2017 年、2018 年连续出现大额亏损，甚至连母公司四川成飞集成科技股份有限公司也被拖累成 ST 股票 [1]。

急于摘帽的成飞集成试图将中航锂电这个"累赘"出表，洛阳当地国资则表现犹豫、举棋不定。关键时刻，远在苏南的常州

---

[1] Special Treatment，意为特别处理，通常表示该上市公司存在一定的经营风险或财务问题。

市金坛区伸出了橄榄枝。金坛区曾在2015年引入中航锂电，在当地设立子公司，而这次则选择直接"抄底"整个中航锂电。

在招引中航锂电落地过程中，金坛区与中航锂电商定合资设立新公司。新公司注册资金40亿元，金坛区以现金形式出资28亿元，占股70%，中航锂电虽然只占股30%，但对新公司拥有控制权。金坛区同时允许中航锂电将知识产权等无形资产评估作价，大幅减少了中航锂电的实际出资金额，释放出极大的诚意。金坛区招商引资招成"股东"，一时震动业内。

这还没有结束。中航锂电总部落户金坛区后，金坛区一方面持续增资，累计投入超过50亿元；另一方面又帮助其陆续引进厦门国资、小米长江、红杉凯辰等外部投资者，更是选聘"铁娘子"刘静瑜担任职业经理人。中航锂电（后改名为中创新航）调整产品结构，深挖客户关系，一举冲上动力电池出货量全国第三的位置。

"抄底中航锂电"只是常州新能源故事系列中的一集。这座历来在"苏南三强"中"吊车尾"的尴尬城市，如今正在悄然以"新能源之都"的面貌示人。2011年，溧阳市引入波士顿电池；2016年，溧阳市引入宁德时代；2016年，武进高新区引入理想汽车；2018年，金坛区引入蜂巢能源；2019年，常州市高新区引入比亚迪……

2022年的全国的动力电池产量中，有20%直接来自常州；乘用车市场信息联席会数据显示，2022年常州新能源汽车产量达

34万辆，位居全国第六位。同时，常州的新能源汽车和汽车动力电池产销量都占到江苏全省的一半，相当于苏州、无锡、南京等城市之和。

引人注目的还只是冰山一角，如果仔细盘点常州市的新能源布局，可以看到它既有中创新航、蜂巢能源等锂电池前排选手，也在积极培育中科海钠等钠离子电池公司；既在光伏领域拥有天合光能这样的巨头，又在风能领域集聚了天晟新材、长海股份、欧文斯科宁、阿克苏诺贝尔等重点企业；既集聚了300多家新能源汽车及核心零部件企业，又布局充电设施，打造出了全国最大的民营充电设施运营商万帮数字能源股份有限公司（旗下品牌为星星充电）。"新能源之都"可谓名不虚传。

在新产业的蓬勃发展中，常州是风投型地方政府的一个典范，具有一定的代表性。如今，以长三角、珠三角等先行地区为示范，京津冀、成渝、长江经济带等城市群纷纷崛起，各自汇聚了一大批优势产业集群，从"招商引资"转向"产业运营"的地方政府在其中起到了不小的作用。

根据CVSource的数据，2022年，各级政府新设立政府引导基金规模达到2712亿元，已超越2019年的规模（2186亿元）。截至2022年年末，各级政府共成立1531只政府引导基金，规模累计达27378亿元。分区域来看，华东地区规模领先，而西南、东北、西北等后发区域虽然绝对规模仍较小，但均保持了较快的增速。

面向不确定的未来

当 21 世纪进入第三个十年，"黑天鹅"现象似乎不再稀缺。

2020 年春节，一场突如其来的疫情让人们想起遥远的 2003 年。疫情肆虐的时间和范围远超"非典"病毒，在造成全球大流行之后，时至今日仍然反复暴发。

2022 年 2 月，乌克兰东部地区局势恶化，乌克兰政府和亲俄的当地武装发生摩擦。下旬，俄罗斯军队介入乌东地区冲突，俄乌战争爆发。战争延宕至今，造成了巨大的人员伤亡和经济损失，也间接影响了整个世界。

2023 年 8 月，日本政府无视周边国家抗议，决定将在 2011 年特大地震中受损的福岛第一核电站中的核污染水排入海洋。自 2023 年 8 月至 11 月，核污染水共三次大规模排放入海。

2023 年 10 月，新一轮巴以冲突爆发。短短一个多月内，上百万人流离失所，超过万人死亡。

……

看起来毫无关联的天灾人祸，背后所透射的，是人类世界发展至今遭遇的困局：当整个人类社会的发展动能减弱，"如何做大蛋糕"的讨论将会让位于"如何切分蛋糕"，继而令共识解构，使争议变成分歧，分歧变成裂痕。而显性化的裂痕，又将造成全球供应链的扰动，进一步阻遏全球的经济复苏。

2023 年 4 月，IMF 发布的数据显示，2023 年全球经济增速预计将从 2022 年的 3.4% 放缓至 2.8%，未来 5 年经济增速将保持在 3% 左右，除去金融危机和疫情最严重的时期，全球经济增长进入了自 2000 年以来最乏力的阶段。

作为市场情绪的一面镜子，全球风险投资也进入了阶段性的低潮。Crunchbase 数据显示，2022 年全球风险投资市场热度大幅降低，总投资规模约为 4450 亿美元，同比下降 35%。而根据清科研究中心的数据，中国 2022 年风险投资总金额为 2487 亿元，同比下降 33%。

"这个世界还会好吗？"百年以前，思想家梁漱溟之父梁济曾这样问。梁济之问，自此萦绕国人心头百年。百年以降，世界局势波谲云诡，中华民族一度跌落谷底，几遭亡国之痛，从废墟之中崛起，又在列强的压力下步步挺进，终于重返大国之列，傲立于世界民族之林。

站在时间长河中的每一个节点向未来张望，似乎都迷雾重重；只有回顾过往，才能看清历史的注脚伏脉千里，每一步都写着"自助者，天助之"。

而创投行业，作为面向未来、投资未来的行业，对它的从业者而言，乐观甚至不再是一种选择，而是一种使命。

美团创始人王兴曾在社交圈分享过一个故事：

"一个早年投资了宁德时代的朋友说他当年第一次走进创始人曾毓群那狭小的办公室就被震了一下，只见墙上五个大字'赌性更坚强'！当时他心想这果然是福建人，调侃说：'你为什么不挂爱拼才会赢呢？'曾毓群正色道：'光拼是不够的，那是体力活；赌，才是脑力活。'"

曾毓群的心态，恐怕正是创投冲浪者们共同的心态：用智慧，用魄力，"赌"它一个未来。

案例

用科技"瞭望塔"构建产业投资生态

葛昊／文

2023年9月，习近平总书记在黑龙江考察调研时首次提出"新质生产力"一词，此后在多个重要场合均做了重要阐述。所谓新质生产力，即以新产业为主导的生产力，特点是创新，关键在质优，本质是先进生产力。换言之，新质生产力代表的是科技创新与产业未来的方向。

创新的背后是科技的竞争。作为创新大国，美国政府在2021年通过了《2021年创新和竞争法案》，计划通过5年1100亿美元的投入以促进基础研究与先进技术研发，应对中国在科技领域的竞争。

除了政府的推动，以技术创业与风险投资相结合为代表的硅谷模式，塑造了英特尔、苹果、英伟达等一批科技巨擘。技术与资本的结合发挥了重要作用。

随着自身的发展与产业的进步，这些通过风险投资成长起来的高科技企业，反过来也开始通过用产业投资的方式来寻找能反哺自身产业的新质生产力。作为产业投资的一种类型，以企业为主开展风险投资的形式最早出现于美国硅谷的大型科技公司，如英特尔、微软、高通等。这些企业通过投资早期创新型企业来获取技术与人才。CVC成为科技企业实现发展、扩张、增长的外部动力。

在中国，联想作为一家业务遍及 180 个市场、个人电脑销售量居全球第一的全球化科技企业，也设立了包括联想创投、联想之星、君联资本等专注于早期创业的投资基金。其中，联想创投是较有代表性的一家。

截至 2023 年年底，联想创投已经投资超过 240 家企业，其中不乏像宁德时代、寒武纪、中控技术、蔚来汽车等处于新兴前沿赛道的企业。

联想创投取得如此不俗战绩的背后，在于依托于联想控股集团确立的定位——"科技瞭望塔"，以及围绕此定位所展现的独特竞争力（见图 2-1）。

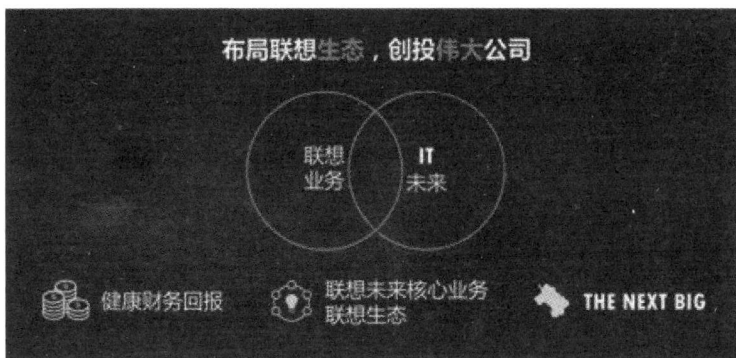

图 2-1　联想创投布局

研究驱动

联想创投的前身——乐基金是联想研究院的业务之一，起初只是一支规模约 1 亿元的天使基金，致力于投资初创项目。时任联想研究院院长、现联想创投集团总裁的贺志强曾坦言，乐基金对联想而言，只是一次在风投领域的尝试，尽管投出了旷视科技这样的公司，但自身在投资领域的能力并未真正建立。在组织架构上，贺志强也只是在研究院的本职工作外"兼任"了投资的工作。

2016 年是一个转折点，中国创投行业此时已经经历了互联网创业的飞速发展，能在其中获得的投资机会已经不多。联想创投认为，未来的投资机会将出现在围绕产业互联网的新兴技术领域。

为此，联想创投正式成立，聚焦前沿技术，但作为研究院持续开展研究的习惯一直保留了下来。例如，自 2000 年开始，联想研究院每年会进行年度科技展望，由贺志强召集 1 万余名工程师和产业链上下游的关联方一同讨论行业未来的发展趋势。每年年末，团队还会召开关于未来 5 ~ 10 年技术发展趋势的研讨会。

贺志强曾说："做投资跟做技术其实一样，要对行业发展有判断，问对的问题。"

研究习惯带来了两个方面的优势。一是联想创投有能力基于产业研究来把握产业发展趋势，开展技术预判，比传统风险投资机构能够洞见更深的技术变革与更广的应用场景；二是联想创投可以在资金与业务之外，为被投机构提供更多的服务，如以研究院为中台，为初创科技公司提供技术咨询服务。

联想创投通过在细分领域的技术方向制定详细的投资策略，成为国内投资"专精特新"企业最多的创投机构之一。截至2023年，联想创投投出了40余家国家级或省市级"专精特新"企业，占其所有投资标的的29%。

投资的"二八法则"

二八法则是经济与商业中一种常见的分布模式，即所有的因素中最重要的仅占比20%。例如，一家公司80%的利润可能来自20%的重要客户；或者在投资公司的投资回报中，80%的收益来自其中20%的成功公司。

如果说聚焦主业、研究驱动是联想创投的1.0时代，那么结合二八法则的投资策略，联想创投进入了CVC2.0时代。

在贺志强的设想中，联想创投不应该只做一个在IT领域的财务投资者，纯粹地追求自身产业的投资回报，而是应将眼光放得更宽广一点。联想创投设置了一个比例，允许投资经理把80%的资金投入与IT相关的项目，剩余20%的比例允许投资任何其他产业的项目。

贺志强说："对20%的投资内容不设限——投资这个时代最伟大的公司。"

这一决定显然考虑了两个结果。一是如果只限制IT产业的投资，那么当其他产业中出现新的机会，如半导体、新能源等，联想创投将错过这些赛道中的优质标的。对投资而言，赛道的选择至关重要。二是通过设立一个固定的比例将风险进行控制，即便在所投项目中出现了最坏的结果，联想创投也可以将这一比例限制在 20% 以内。

当然，目前看来，这个决定显然非常明智。2017年，团队判断，电动汽车是一个巨大的机会，将成为继个人电脑和智能手机之后市场规模最大的智能硬件。于是，联想创投先后投资了蔚来、宁德时代，而后者的市值目前已超过万亿元。

此后，围绕着新能源赛道，联想创投做了更多布局，如在自动驾驶领域，联想创投投资了轻舟智航、一清科技、中科慧眼等；在芯片领域，投资了芯驰科技、比亚迪半导体、寒武纪等。

在贺志强的心目中，这类项目属于"原始创新"，不仅决定了联想的未来，更指引着未来科技的发展方向。

生成式人工智能：狂飙、务实和寻找爆款应用

徐鑫 / 文

2022 年 11 月 30 日，美国人工智能开发机构 OpenAI 推出聊天机器人 ChatGPT，一个新的时代悄然到来。

作为一款划时代的产品，它的突出特点体现在几个层面。

首先，在产品层面，这是史上最快完成全球层面破圈的产品。根据瑞银集团的一项统计，推出仅 2 个月，ChatGPT 在 2023 年 1 月末的月活跃用户已经突破了 1 亿，成为史上用户增长速度最快的消费级应用程序。相比之下，此前最受欢迎的现象级产品 TikTok 达到 1 亿用户用了 9 个月，Instagram 则花了两年半的时间。

之所以能够以最快速度风靡全球，最大的原因在于，这款聊天机器人的交互体验相比此前的人工智能产品有极大飞跃。这也涉及它的第二个特性，创新了人机交互方式。人类使用日常交流的语言与 ChatGPT 对话，ChatGPT 不仅能够理解回应，还能根据上下文进行智能推理和生成，从而实现了真正意义上的对话交互。不同于此前的人机交互"把天聊死"的情况，ChatGPT 实现了更自然、智能化的交互，也大幅提高了人机交流的效率、准确性和个性化水平。

而这款产品的体验之所以非常好，还与它的技术路线有关。OpenAI 通过海量的数据，预训练出超大规模参数的人工智能算法模型，使 ChatGPT 实现了智能水平的跃升，可以回答问题、写

作文、翻译文章，甚至写代码，同时覆盖了自然、人文、社科、经济等人类社会多个领域的通用知识。

ChatGPT 开启了一种新的人工智能范式，在此前的深度学习算法模式下，每一个单独场景都需要专门训练一个场景的小模型；大模型时代到来后，模型具有泛化能力，一个模型就具有多个领域的知识。一些人开始畅想，大模型的出现，意味着创造一套可以通用而不是特定的智能系统来解决需要人类智慧才能处理的问题的可能性正在出现。例如，"深度学习之父"杰弗里·辛顿（Geoffrey Hinton）就认为，通用人工智能（AGI）——具有理解、学习和执行人类可以完成的任何智力任务的能力的人工智能——可能会在 5 到 20 年内出现。

ChatGPT 的爆火使得全球范围内掀起了一场大模型热潮，也由于 ChatGPT 是使用 Transformer 架构的生成式预训练模型，人们也将这波浪潮称为生成式人工智能浪潮。巨头企业、创业公司和云计算厂商以及软件企业都加入了进来，争先恐后推出各类大模型，"百模大战"就此展开。

这场浪潮里，涌现出了两股流向，一股流向是对 AGI 的信仰驱动着研究人员不断突破模型能力的边界。人们发现大模型具有"暴力美学"特性，更大参数、更多算力与模型的智能程度之间呈现出线性关联，这使得行业内围绕着模型参数和性能展开了大比拼。为了提升模型智能，基础大模型还朝着多模态方向发展，OpenAI 推出的 Sora 和 GPT-4o 无疑引领了发展方向，吸引了全球关注和模仿。巨大的训练和计算需求，也推动了人工智能领域的"卖水人"英伟达走上了业绩巅峰。

除了模型本身的能力，越来越多人对如何用生成式人工智能来改变世界，如何把生成式人工智能真正落地应用感兴趣。在这一背景下，提升大模型在不同行业和场景里的应用可能，降低落地的门槛和成本，成了国内大模型热潮里的另一股流向，行业大模型应运而生。

不同于基础模型领域追逐通用人工智能的阳春白雪，行业大模型充满了务实色彩，围绕着模型落地，国内的厂商们展开了激烈的比拼。

到应用环节，智能体（AI Agent）也是热门话题。互联网数据中心（Internet Data Center，IDC）认为，生成式智能应用要融入企业运营、紧贴应用场景、致力应用创新，解决应用落地的"最后一公里"问题。而智能体是大模型落地业务场景的主流形式。人工智能体让生成式人工智能技术拥有感知、记忆、规划和行动能力，可以跨应用程序做复杂任务的执行，使得"人机协同"成为新常态。未来，智能体将变革生产力的组织形式。

大模型或生成式人工智能将带来巨大的革新，已成行业和社会共识，也有人将之视作一场全新的工业革命。毫无疑问，这场革命仍处于发展早期，距离真正向全社会的所有行业和领域释放价值仍有距离。当下，整个行业可能要先走出第一步——如何在 B 端企业级场景创造一个真正的爆款。

狂飙的基础模型：大力出奇迹？

用"狂飙猛进"来形容 ChatGPT 爆火后的大模型行业的进展和动态毫不为过。

北京市社科院做过一个统计，截至 2023 年 5 月，中国已成功发布超过 79 个拥有 10 亿以上参数的大语言模型（LLM），相同等级模型下，美国发布数量达到 100 个。全球范围内累计推出的 10 亿以上参数大语言模型总数为 202 个，其中中美两国发布的模型总数占比达 90%。

一位大模型领域的创业者的状态也许能反映 2023 年整个行业里热火朝天的动态。他说，当时他每天只睡三四个小时，半夜醒来后也觉得不应该浪费时间继续睡觉，而是应该思考或阅读。

实际上，从巨头企业到明星公司再到人工智能新势力，各类"玩家"围绕着模型领域主要做的是两件事，一件是模型规模上的不断更新和比拼；另一件则是在核心算法上不断探索，从而追赶上 OpenAI 发布的一系列模型（如 GPT-4、GPT-4Turbo、Sora、GPT-4o）的水平。

行业内比拼模型参数规模，与大模型时代里的规模标度律（Scaling Law）有关。OpenAI 在2020年发布的论文 *Scaling Laws For Neural Language Model*（《神经语言模型的标度律》）中提出，语言模型的训练损失随着模型大小、训练数据量和计算量的增加呈现幂律缩放关系。文中提出，模型的性能不仅受参数量的影响，还与计算预算和数据集大小密切相关，通过增加计算预算和数据集大小，模型的性能可以显著提升。

简单来说，算力越充沛，参数量级越大，模型性能越好，这也被人归纳为"大力出奇迹"的暴力美学。传统模型参数通常在数万至数亿之间，而大模型的参数量以亿级起步。比如 OpenAI 的 GPT-1 到 GPT-3，模型参数量级从1.1亿一举跃升到了1750亿，OpenAI 没有公布 GPT-4 的参数量级，但有爆料称其总共包含了1.8万亿参数。

根据公开信息，截至 2024 年 3 月，中国 10 亿参数规模以上的大模型数量已超 100 个。2014 年上半年，行业内也发现，国内头部大模型厂商的模型能力已经实现赶超 GPT-3.5 的水平，但与 GPT-4 仍有差距。

目前国内已经有多家企业或机构（如智源、腾讯、Minimax 等）推出了万亿参数模型。而 ChatGPT 的创造者 OpenAI 还在继续扩展模型量级。海外媒体报道微软正在启动一个新的超级计算机研发计划，从而为 OpenAI 提供更大的算力支持，使其参数量级扩展到千万亿级水平。

更大的规模参数、更高的算力、更好的性能，自然也需要更强大的底层算力支撑，在大模型浪潮开启的背景下，英伟达推出了新一代的 B200GPU 芯片，从而建设更大的计算中心。在算力成本高昂、计算资源紧张的背景下，英伟达也迎来了股价新高，市值一跃超过苹果，成为世界排名第二的公司。

在暴力美学和 AGI"信仰"之下，角逐仍在继续。这场比拼也越来越成了巨头和少数企业才能玩得起的游戏。

务实的行业模型：落地至上，应用为先

伴随着大模型领域的大力推进，产业界也看到了大模型变革行业领域解决产业痛点的全新思路。例如，大语言模型让人机交互体验变得更简单，理解意图与操控系统的能力也更强大，大幅度提升了数字化在产业中的可用性、易用性。

这个过程里一个不可能三角开始出现。腾讯研究院提出，在专业性、泛化性和经济性之间，大模型很难实现三者兼得。

具体来看，专业性是指大模型处理特定领域问题或任务的准确性和效率。而泛化性则指的是处理训练数据集之外的新的样本的表现能力，即在没有经过专门标注处理训练的场合中大模型能不能解决问题。而经济性是指数据收集的成本、训练模型的成本高不高。

一旦要求专业性，大模型就需要结合特定领域的数据进行训练，而这个训练本身也会增加成本。

为了解决企业的具体问题，不少企业提出，要建设行业大模型。典型的企业有腾讯、华为等，腾讯先发布了混元行业大模型，之后又推出了通用大模型体系。在腾讯看来，通用大模型有很强的能力，但它一般是基于广泛的公开文献和网络信息来训练的，网上的信息可能会有错误、有偏差。虽然它们可以在各种场景中解决七八成问题，但往往无法充分满足企业的具体需求。基于行业大模型构建自己的专属模型，也许是企业更优的选项。

而华为也非常看重行业大模型在落地方面的价值。2023年7月，在发布盘古大模型3.0这一面向行业提供服务、以行业需求为基础设计的大模型体系时，华为云还鲜明提出，"不作诗，只做事"，强调它解决实际问题的能力。

由于行业场景落地以应用效果为先，所以在行业大模型的建设和落地层面，无论是技术提供方还是需求企业，通常非常务实。

比如在家电、智能手机和个人电脑等终端上，从算力支撑、能耗水平和成本等多个角度看，大模型要进入这些设备，需要模型参数相对较小。这使得行业大模型不像基础大模型那样强调参数规模，甚至它们能在较小参数的模型上通过工程化努力，实现更好的性能和效果。

一位大模型领域的创业者在2024年年初就指出，面向企业场景使用频率最高的大模型参数量多为7B（十亿级参数）、13B、40B、100B，整体集中在10B～100B之间，既能满足场景需求，又最具性价比。

另一点是私有化部署需求。像金融等行业本身对数据合规性、安全性、可信性等存在高要求，不少企业选择通过自建算力资源来满足场景的要求。

值得一提的是，由于行业场景里企业需求的差异性，所以行业大模型在落地过程中也要结合具体场景，这里面技术服务方需要与企业进行大量的共创工作，从而摸清需求和场景。这对行业大模型技术和解决方案企业面向企业端的服务能力也会提出挑战。

那些具有场景优势和成熟业务的大模型企业，相较而言更懂具体场景里的知识与技术诀窍，它们在落地应用中也走得更快一些。

AI Agent：距离大规模落地还缺一个爆款

IDC 在一份调研报告里指出，生成式人工智能应用要融入企业运营、紧贴应用场景、致力应用创新，应该解决应用落地的"最后一公里"问题，而智能体 AI Agent 是大模型落地业务场景的主流形式。

而在不缺热点的大模型世界里，AI Agent 的确长期受到了从大模型厂商到行业应用开发者的关注。

这也是个分歧和共识并存的领域，引发了从巨头到创业者和投资圈的共同关注。

到底什么才算 Agent，对此人们的认知不一。比如 OpenAI 官方推出的 GPTs 到底算不算 Agent，到底是自动化还是辅助式协作，人们对此的看法各有差别。另外，中文里它还有"代理""智能体"等不同叫法。

而人工智能巨头、平台企业和各类创业公司用行动表达了对这一领域的看好，积极布局 Agent 开发平台、框架或应用。

OpenAI CEO 山姆·奥尔特曼（Sam Altman）称，未来各行各业，每个人都可以拥有 AI Agent。2023 年 11 月 OpenAI 发布自定义 GPT，2024 年 1 月 GPT Store（OpenAI 旗下定制聊天机器人商城）正式上线，据称该平台已经有了超 300 万个 GPTs。比尔·盖茨（Bill Gates）还发长文指出，AI Agent 将彻底改变人们使用计算机的方式。

在国内，百度、阿里巴巴、字节跳动、智谱 AI 等一众企业都推出了各类 Agent 平台，也有不少企业从应用层发力，如 360、澜码科技、实在 Agent 等从安全、财务、人事等场景探索 Agent 落地。

Agent 为什么会成为香饽饽？国内企业目前是如何切入 Agent 赛道的？创业公司和平台企业的优劣势是什么？Agent 距离真正改变生产、生活，还有多远？我们将围绕着这些展开论述。

大佬都爱 Agent

2024 年被业界视作 Agent 落地元年。

2024 年 1 月的国际消费电子产品展览会上，被问及 2024 年人工智能领域可能有哪些重大突破时，著名人工智能科学家吴恩达表示：从大型语言模型到大型视觉模型的转变。

新年伊始，文生视频大模型 Sora 取得了技术上的突破，这也让业界颇为期待 Agent 的应用和落地。

实际上，从 2023 年年中开始，Agent 在大模型里的火爆就有目共睹。2023 年下半年时，有统计称，至少有 100 个项目在将

Agent 商业化。据一家投资机构不完全统计，2023 年下半年有 20 多个 Agent 项目完成融资。

也有人称，2023 年下半年，大模型赛道上创业者和投资人的关注点迅速从模型本身转移到了 Agent 上。

而如果追溯当下这波 Agent 热潮，不少人把 2023 年 3 月底开始"刷屏"的 AutoGPT 视作开始。作为一个开源项目，AutoGPT 创造了 GitHub 上的星标上涨纪录。用户用自然语言设定目标，由大语言模型驱动的 AutoGPT 能自动将目标分解成子任务，连接互联网或使用其他工具来实现目标。

与 ChatGPT 不同，用户使用 AutoGPT 时不需要频繁提问，只需要给 AutoGPT 设定一个人工智能名称、描述和目标，它就能自己完成项目。这一项目很快就在 GitHub 上成为"顶流"。

而 Agent 的爆火也离不开人工智能巨头 OpenAI 的添砖加瓦。

2023 年年中，当时还是 OpenAI 联合创始人的安德烈·卡帕西（Andrej Karpathy）在一个开发者活动中的发言被广为传播。"如果一篇论文提出了某种不同的训练方法，OpenAI 内部会嗤之以鼻，认为都是我们玩剩下的。但是当新的 AI Agent 论文出来时，我们会十分认真且兴奋地讨论。"

安德烈·卡帕西还指出，普通人、创业者和极客在构建 AI Agents 方面相比 OpenAI 这样的公司更有优势。

也是在这一时间段，OpenAI 应用研发主管翁丽莲（Lilian Weng）在一篇文章里定义了基于大语言模型构建 AI Agents 的框架。她指出，Agent= 大型语言模型（LLM）+ 记忆（Memory）+ 规划（Planning）+ 工具使用（Tool Use），其中，LLM 是 Agent 的"大脑"，而记忆、规划和工具使用能力是关键组件。它也成为大模型时代 Agent 的经典定义。

2023 年 11 月的 OpenAI DevDay 上，OpenAI 推出其官方 Agent 开发框架 Assistant API，并宣布将推出 GPT Store，Agent 热潮进一步发酵。

同一时间段，比尔·盖茨写了一篇长文看好 Agent 领域。他预言5年内，Agent 将改变人们使用电脑的方式，颠覆软件产业。除了 OpenAI 和各路大佬动向不断，硅谷还涌现了大量的 AI Agent 创业项目或产品，如 BabyAGI、MetaGPT、GPT Researcher 等。据云基础设施服务商 E2B 的不完全统计和分类，在编程、个人助手、生产力、财务等多个细分场景都有大量的开源和闭源项目。

微软也推出了多类 Agent 架构：以代码为中心的 Task Weaver，还有多 Agent 框架 AutoGen。英伟达的研究人员则利用 ChatGPT 技术制作了一个智能体 Voyager，它会自己玩《我的世界》，能完成游戏中的游泳、采集植物、狩猎、开采金矿、建造房屋等操作。

除了单智能体应用，还有多智能体类项目。最知名的多智能体项目当属斯坦福大学和谷歌合作的斯坦福小镇（Smallville）

开源实验。在这个实验中，研究人员创建了一个由 25 个智能体组成的虚拟小镇，并让其中一个智能体策划一场情人节派对。这些智能体能彼此交流，按照设定做出相应的决策。

Agent 为什么成为香饽饽？

从大佬到创业公司纷纷看好 Agent，首先在于它延展了大模型的能力（见图 2-2）。

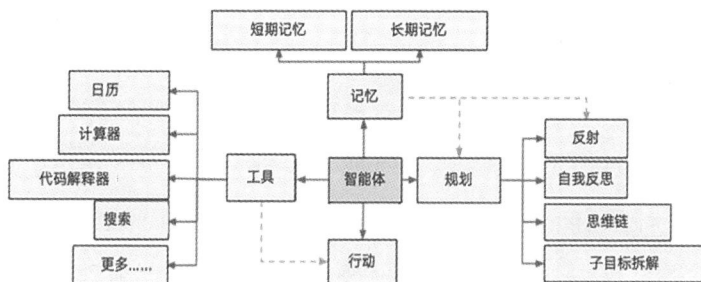

图 2-2　智能体的功能

一位人工智能领域资深的技术观察者介绍，当下，Agent 的记忆、规划以及使用工具的能力都是在弥补大模型现在还比较弱的地方。Agent 本质是以大模型为核心，扩展大模型的潜力，目标是提供强大的通用问题解决方案。

网易数帆的 CodeWave 产品技术负责人认为，其实不用把 Agent 想得太复杂，它表现出来的虽是自动化操作，但底层还是基于大模型的能力。在 OpenAI 官方定义的几大能力里，如使用工具、调用搜索引擎、外接数据或第三方应用程序编程接口，实际上是增强了大模型的能力。

致远互联高级副总裁蒋蜀革则判断，在企业级场景的应用中，Agent 与大模型的落地高度关联。蒋蜀革认为，目前业界已经很务实，非常理性看待大模型的能力，光靠大模型落不了地。比如企业的数据、规则、业务上下文都非常重要，当下大语言模型提供不了外部的实时信息，也无法访问内部数据，这很难支撑企业内部场景的应用。"而 Agent 能够感知环境，感知上下文，自己结合企业的数据、知识、企业的业务系统做规划。这个落地的框架会越来越清晰。"

也有人把大模型比作大脑，而 Agent 的能力则让它多了四肢。实在 Agent 的算法负责人欧阳小刚认为，在担任智能客服、解决文案的生成类任务时，大语言模型本质能力还是在意图理解和对话生成，但在真正的企业应用场景里，对话类任务只占日常工作中比较少的一部分。

许多工种需要操作各类业务系统，完成指定业务流程。比如财务要操作财务类软件，完成报税、报销和财务稽核工作；而法务要审核很多合同，起草法务文件，这些都要跟大量的业务系统打交道。"在这些场景里，只有大模型，相当于有了一个非常智能的大脑，但是它没有手脚去真正操作，因此它跟各种工具就有了一个很好的结合点。"欧阳小刚说。

另外，业界也看中 Agent 能够与环境互动的能力，它能理解目标，拆解任务，并且调用工具执行任务。一些步骤和流程无法用一条复杂的任务线串起来，而 Agent 以大语言模型作为一切任务的中心，可以处理复杂的任务。

澜码科技创始人兼 CEO 周健认为，传统的软件需要人去适应机器，Agent 最核心的特点是它能对环境有所感知，并且与环境互动。以机器人流程自动化（Robotic Process Automation，RPA）为例，作为传统的自动化工具，RPA 能实现某些步骤的自动化作业，但这些能被自动化的步骤非常有限。只要该步骤的业务上下文和业务理解的规则上稍微复杂一点，RPA 就很难完成。例如，金融行业的信贷审核流程可能涉及上百个步骤，RPA 能够自动化完成的只有几个。

而大模型实际上提供了极其便利的语言理解能力及推理能力。有了语言理解能力，人与机器的互动模式就变得更灵活，机器可以适应人。"能够被自动化的业务步骤数量大幅增加，能形成规模化的生产力。"周健说。

正如比尔·盖茨认为，Agent 未来会是非常普遍的存在，改变人们使用电脑的方式，颠覆软件行业。也有不少行业人士认为，Agent 正在引发人和机器互动的范式变迁。

一位大厂技术高管认为，新范式变迁下，总会带来平台级的机会和新的入口，这其实会给很多创业公司带来新的机会。这也是从行业巨头到创业者及投资市场普遍比较兴奋的原因。

国内企业动作频频

范式变迁的潜在机遇也吸引了国内的一大批企业，互联网公司、人工智能公司和新兴创业团队都在积极布局这一赛道（见表2-6）。

表 2-6 国内企业 Agent 布局（不完全统计）

时间	企业	产品	描述
2023 年 7 月初	阿里巴巴	ModelScopeGPT（魔搭 GPT）	接收用户指令，大模型做中枢（Controller），来控制魔搭社区的各种多模态模型 API。通过中枢模型一键调用魔搭社区其他的人工智能模型，完成复杂任务，具备作诗绘画、视频生成、语音播放等多模态能力
2023 年 11 月	百度	文心大模型智能体平台	由灵境矩阵平台全新升级而来。开发者能够通过与自然语言交互的方式，最快几分钟即可创建一个专属智能体。提供零代码、低代码和全代码三种模式，满足不同水平的开发者需求
2023 年 11 月	昆仑万维	天工 SkyAgents	自然语言交互，无须代码编程，即可在几分钟之内部署属于自己的 AI Agent，能完成行业研究报告编写、单据填写、商标设计、健身计划制订、旅行航班预订等功能
2023 年 12 月	360	360 智能营销云及安全智能体	360 的人工智能数字员工采用 AI Agent 方式来处理问题，通过识别用户的意图进行搜索，进而将项目划分出详细的工作流，让大模型分步执行每个子任务。2024 年 1 月上线的 360 安全智能体可实现系统在无人类专家介入下，智能化捕获 APT 攻击

续表

时间	企业	产品	描述
2023 年 12 月	澜码科技	AskXBOT	企业级 AI Agent 平台。有设计器、知识中心、使用端、管理平台四大核心模块，将大语言模型能力抽象为文档检索、人工智能调用、数据查询、智能编程等能力。企业可一站式设计、开发、使用、管理 Agent
2024 年 1 月	钉钉	人工智能助理及官宣 AI 智能体商店	超级助理能对自然语言做出反馈，并基于对用户或企业业务和数据的了解进行规划决策，来完成各种复杂任务的人工智能应用。2024 年 4 月份上线人工智能助理市场（AI Agent Store）
2024 年 1 月 17 日	联想	个人 Agent	3 个月后与用户正式见面，该个人 Agent 聚焦多模态自然语言交互以及意图理解、任务调度和链式处理能力。用户只需使用日常语言告诉设备想做什么，个人智能体即可做出个性化响应，无须为不同的任务使用不同的应用程序
2024 年 1 月	智谱 AI	GLMs 和 GLM Store	对标 OpenAI 的 GPTs，不需要代码基础，任何用户均可用简单的 prompt 指令，创建属于自己的 GLM 模型智能体
2024 年 2 月	字节跳动	扣子（Coze 国内版）	人工智能聊天机器人构建平台，能够快速创建、调试和优化人工智能聊天机器人的应用程序。可 30 秒无代码生成 AIBot，并且集成了插件工具集
2024 年 5 月	腾讯	腾讯元器	主要面向用户是企业和开发者，创作者可以在腾讯元器上通过提示词直接创建智能体，同时支持使用腾讯官方的插件和知识库；智能体创建完成后，创作者还可以将这些智能体一键发送到 QQ、微信客服、腾讯云等渠道

据不完全统计，目前不同角色进入市场的布局重点不一。一类是平台模式。手持自研大模型的厂商（如阿里和百度）都推出了智能体开发平台。阿里达摩院的魔搭社区推出ModelScopeGPT，百度的灵境矩阵平台全新升级为文心大模型智能体平台。对这两家既有自研大模型又有云计算业务的企业而言，培育和完善 Agent 的开发者生态符合其定位和需求。

也有一众企业对标 OpenAI 的 GPT Store，面向更广泛人群，推出可快速生成 Agent 的智能体商店，如昆仑万维、钉钉、智谱 AI、字节跳动等。面向用户推出智能体商店，看中的自然是 Agent 的入口属性和对应用生态的变革。钉钉总裁叶军在钉钉7.5版本发布会上就断言，AI Agent 已经成为当下最佳人工智能应用入口，钉钉的目标是成为低门槛、高频和开放的人工智能助理平台，他还表示，未来3年，要有1000万个人工智能助理在钉钉上产生。

在头部云厂商里，手握自研大模型的企业还有华为和腾讯，这 2 家企业在 Agent 领域也有动作。它们的技术研究团队分别联合高校发表了专门的论文，发布了各自的 Agent 框架。

2023 年 12 月，腾讯和得克萨斯大学达拉斯分校的研究团队合作开发的名为 AppAgent 的项目，进入公众视野。该项目可以通过自主学习和模仿人类的点击和滑动手势，在手机上执行各种任务，有人称它相当于手机上的智能"按键精灵"。而华为方面，华为诺亚方舟实验室与伦敦大学学院、牛津大学等团队在 2023

年12月底发表论文，提出了一种通用框架模型盘古 Agent，用于将结构化推理整合到 AI Agents 中并进行学习。

除了在智能体商店和 Agent 开发框架上的布局，还有大量企业从企业级 Agent 应用和平台层发力。比如澜码科技、实在 Agent 等厂商都希望帮助企业构建企业内的一站式 Agent 设计、使用和管理平台，同时这些企业也在一些先行场景里打造标杆 Agent 应用，形成示范效应。

澜码科技的 CEO 周健认为："如果把大模型视作基础设施，目前它已经在横向整合，那么上面的 PaaS 层其实也会横向整合，企业内会出现一个 Agent 中间件的机会。"但由于行业仍然处于早期，这类平台当下的重点则在积极探索企业内应用场景，构建标杆应用，进而从应用层向中间件平台建设发力。

周健观察到，目前企业内 Agent 应用最容易切入和落地的，是在财务这类数字化程度比较高、有相应的国家标准化规范的场景，因为有比较明确的企业标准操作流程规范或数据沉淀。目前澜码科技的企业级 AI Agent 和轻应用已经在一些企业先行落地应用。同时，澜码科技也在人事等不同场景寻找与 Agent 结合的方式。

也有一些企业和平台在成熟的业务板块里引进了基于大模型的 Agent 能力。比如网易数帆 CodeWave 智能开发平台就尝试将低代码平台和 Agent 的能力结合，来降低低代码工程师操作平台的难度。该平台产品技术负责人介绍，他们的应用场景是利用

Agent 来完成自然语言输出逻辑的编写的。这是低代码里应用非常高频但是非常难操作的一个功能。按照一般简单的业务逻辑，可能需要半个小时左右编写应用场景，复杂点的需要耗时半天到一天。接入 Agent 的能力后，Agent 能自动分析用户的诉求，并将其拆解成可执行的任务，完成相关的逻辑编写。用户只需确认即可，几分钟就能完成此前半天到一天的工作。

无论是平台还是创业团队，都已经开始"啃"起了 Agent 这块蛋糕。新浪潮下，一位人工智能行业资深人士认为，对于 Agent 能力的落地，尤其在应用层，大平台和创业团队可能站在的是同一条起跑线，考验不同企业对应用层能力的挖掘和对场景及需求的洞察。

Agent 落地缺什么？

"大模型能力还在快速发展，Agent 目前是个发展变化的概念，它的形态还在演进中。"一位面向企业业务领域的资深人士称，整个赛道正处于早期。

有观点称，Agent 本质是模型能力专家化，但当下它更像是人工智能的角色扮演，一个同质化的基础大模型，通过一些 Prompt 加人设，使行动满足人设。Zilliz 合伙人兼产品总监郭人通此前在一个论坛上表示，后期 Agent 要成为行业专家，才具备核心价值。

那么，Agent 如何升级到行业专家？业界普遍关注到领域模型或世界模型的重要性。

周健认为，当下基于大语言模型的能力，Agent 有与人互动、验证虚拟环境的可能性，但是 Agent 需要不同的领域模型或世界模型，才能完成对各类环境的建模和互动反馈。而这也是各类企业当下的能力差异点，如澜码科技就擅长业务流程的世界模型构建。

不管是专家知识还是领域模型建设，那些对企业内知识更为重视、有更好沉淀的组织相对走在前面。近年来，许多企业重视用数据驱动决策，未来企业内建设的各类指标库将与 Agent 结合，有望提升 Agent 的智能程度。一些指标平台已经看到了发展空间，如大数据分析和指标平台供应商跬智信息（Kyligence）就计划朝向 Agent 方向打造产品。

周健还认为，除了那些已有的体系化积累，基于经验和小数据得来的知识，也是未来 Agent 落地必不可少的。例如，在评估财务的健康度方面，对于应收账款比例过高的问题，"高"在不同行业、不同企业的定义和意义并不一样。过去各类组织较少花精力去数字化这部分知识，未来需要补齐。

网易数帆 CodeWave 智能开发平台技术负责人称，已有的数据知识储备还涉及人工智能友好度的问题。他认为，目前 CodeWave 智能开发平台之所以能快速接入 Agent 能力，在自然语言逻辑编写效果方面不错，也是因为在代码语言上做了一些准备和限定。

代码生成技术此前遇到的很大问题在于只能生成固定领域或

者固定技术栈的代码，但其实在 Web 开发实践中，前后端技术栈非常多。

此前 CodeWave 智能开发平台构建了一种 NASL 语言，这种语言比较收敛，抹平了前后端的一些类型的差异，能够真正实现全栈可视化编写。2023 年大模型时代到来后，平台发现收敛的编程语言更利于人工智能的学习和训练以及生成。"这是意外之喜。统一编程语言的设计，对人工智能是非常友好的。"

大模型能力本身也对 Agent 的能力和形态产生影响。智谱 AI CEO 张鹏此前受访时就说，Agent 的本源仍然是大模型的基础能力，"大脑"的智力水平足够高，才能谈理解、推理、规划和执行。

一位 Agent 应用开发者则强调了底层模型的重要性。一些基于 GPT-4 上能使用的能力，迁移到一些国内大模型上就不可用了，"这非常常见，但对 Agent 的实际落地造成了非常大的困扰"。这需要国内大模型厂商的共同努力。

除了 Agent 的各种能力本身，实在 Agent 的欧阳小刚认为，安全机制的构建也必不可缺，"不仅需要官方定义的那几个能力，还需要安全性和多 Agent 之间的协同，才能在企业端更好落地"。

周健称，2024年是 Agent 元年。他认为，经过此前一年的发展，大模型公司也在思考商业化问题，而大模型要落地，需要 AI Agent 公司来完成。因此，2024年需要应用为王，行业要用各种各样的新应用证明生产力确实能够被大模型封装，走向智能。"某种程度上，整个行业需要一个爆款。"

创作团队

何丹

商业史学者、出版人。策划"标杆100"中国著名企业书系，编著"企业变革三部曲"《新制造时代》《从＋互联网到互联网＋》《改革方法论》以及《极简企业史》《大国出行》等多部图书，主编"中国基本盘""新国货浪潮"等丛书。

毛洺

财经作者，曾任蓝狮子企业研究院研究员。常年从事企业史和公司案例研究。创作出版《云上银行：阿里打造的银行有什么不一样》，参与编著《极简企业史》《土地为王》。本书上篇《中国制造与"专精特新"之路》执笔人。

钱跃东

蓝狮子签约作家，专注商业史研究，著有企业史专著《再造容声：一部激荡的中国品牌"质造"启示录》《永不止步：从"中国的绿地"到"世界的绿地"》等，合著作品包括《云上的中国》《极简企业史》等。本书下篇《创投风云四十年》执笔人。

曾航

北京军武科技有限公司CEO，曾为知名财经记者。著有畅销书《一只iPhone的全球之旅》《移动的帝国》和《大国锁钥》，长期关注研究中国制造和国产替代。

财经无忌

国内头部财经新媒体，专注财经行业观察、商业内容生产与传播，以"更懂中国商业"为使命，为中国一流企业实现品牌影响力提供新媒体服务。

葛昊

中德制造业研修院特约作者、浙江大学管理学院专精特新研究中心副主任，专注制造业与产业投资研究。合著有《新国货浪潮：商战里的中国史》，2021 年、2022 年撰写《中国企投家白皮书》。

徐鑫

科技自媒体数智前线主笔，毕业于中国人民大学国政系，曾任职于《财经天下周刊》杂志社、《广州日报》，专注产业、科技领域报道及研究，财经及时政领域研究，曾获广东新闻奖。已出版图书《中国基本盘：双循环下的经济新空间》《中国基本盘：未来工厂》《网红经济学》。

一锦

中德制造业研修院特约作者，毕业于武汉大学，长期进行新消费观察、制造业产业研究，合著有《这个国家的新国货》。

厉陈静

中德制造业研修院特约作者。